이혼해도 부모입니다

이혼해도 부모입니다
임수희 판사와 함께하는 아이를 위한 면접교섭

초판 1쇄 펴낸날　2025년 8월 15일

지은이 임수희
펴낸이 이건복
펴낸곳 도서출판 동녘

편집 김현정 김혜윤 이심지 이정신 이지원 홍주은
디자인 김태호
마케팅 임세현
관리 서숙희 이주원

만든 사람들
편집 이정신　디자인 김태호

인쇄·제본 영신사　라미네이팅 북웨어　종이 한서지업사

등록 제311-1980-01호 1980년 3월 25일
주소 (10881) 경기도 파주시 회동길 77-26
전화 영업 031-955-3000　편집 031-955-3005　팩스 031-955-3009
홈페이지 www.dongnyok.com　전자우편 editor@dongnyok.com
페이스북·인스타그램 @dongnyokpub

ISBN 978-89-7297-170-2 (03330)

- 잘못 만들어진 책은 구입처에서 바꿔 드립니다.
- 책값은 뒤표지에 쓰여 있습니다.

이혼해도 부모입니다

임수희 판사와
함께하는
아이를 위한 면접교섭

임수희 지음

동녘

추천의 말

이 책은 가사 재판에서 미성년자녀의 권익 옹호에 남다른 관심을 갖고 법적 연구는 물론, 인접 학문 전문가들에게 배움을 청하고 열정적으로 토론하면서 얻은 지혜를 재판에서 녹여내려고 노력해온 임수희 판사의 재판 경험과 연구 성과의 집약체입니다. 이혼 후 자녀를 면접교섭하고 또 상대방의 면접교섭에 협력하는 과정에서 필요한 내용을 빠짐없이 담고 있습니다.

국제규범(유엔 아동권리협약)과 우리 민법은 법원이 이혼 부부 사이에 미성년자녀의 양육과 면접교섭을 정하는 과정에서 자녀의 복리를 우선하여야 한다는 원칙을 밝히고 있습니다. 그러나 이혼 재판의 현실에서는 양쪽 배우자의 이해관계 대립 속에서 종종 자녀의 입장이 무시되곤 합니다. 재판 종결 후 면접교섭을 할 때도 마찬가지입니다. 부모는 자녀를 무기로 내세우거나 자신의 고통에 침식당한 나머지 자녀의 상처를 보지 못하고, 주변의 어른들은 막연히 부모에게 해결을 맡긴 채 외면합니다.

저자는 일관하여 면접교섭에서 아동의 최선의 이익이 보장되어야 하고, 부모와 주변의 어른들은 아동의 의견을 듣고 아동의 마음을 반영하여 면접교섭을 실천하도록 진심으로 노력하여야 한다는 점을 강조하면서 이를 위한 노하우와 실천적인 전략을 아동의 성장 단계별로 구체적으로 제시하고 있습니다. 이혼 부부의 면접교섭은 결단코 '자녀에 대한 사랑'만으로는 해결할 수 없는 지난한 과정입니다. 이 책은 그 어려운 과정을 자녀의 성장 단계별, 상황별로 이끌어줄 가이드북이자 충실한 조언자가 될 것입니다.

이혼 후 자녀 양육과 면접교섭을 둘러싼 문제는 여러분의 친구의 문제이기도 하고, 여러분 자녀의 친구가 겪는 문제이기도 합니다. 결국 우리 사회의 문제입니다. 함께 손잡고 더 나은 사회를 만들어가고 싶은 분들, 한 발자국씩 앞으로 나아가는 우리 삶의 모습을 꿈꾸는 분들 모두에게 이 책을 권합니다.

민유숙 전 대법관

이 책은 이혼이라는 어른들의 결정 속에서 우리가 끝까지 지켜야 할 가장 소중한 보물은 아이이며, 그 아이의 마음과 권리가 가장 먼저 존중받아야 한다는 깊은 메시지를 전합니다. 면접교섭은 부모의 권리가 아니라 아이가 사랑과 관심 속에서 양육받을 권리이며, 그 모든 결정의 기준과 방향도 아동 최선의 이익을 중심에 두어야 한다는 사실을 생생한 사례와 함께 따뜻한 시선으로 들려줍니다.

이혼 이후에도 부모는 여전히 아이의 부모로 남아야 하며, 함께 살지 않더라도 두 사람 모두가 아이 곁에 있다는 믿음을 심어주어야 합니다. 그 믿음이야말로 아이를 지켜주고 건강하게 성장하게 하는 든든한 울타리가 됩니다. 아이를 중심에 두고 고민하는 부모는 물론, 이혼과 아동복지 현장에서 아이와 함께하는 모든 전문가에게도 이 책은 큰 도움이 될 것입니다.

노혜련　숭실대학교 사회복지학부 명예교수

아이라도 삶의 균열을 감지합니다. 변화의 이유를 묻지 않아도, 그 안에서 일어나는 감정의 파도를 온몸으로 받아냅니다. 혼란의 원인인 갈등은 어른들 사이에서 벌어지지만, 아이에게는 그 어른이 동시에 유일한 의지처이기도 합니다. 이 책은 그런 아이를 단지 보호의 대상으로 보지 않습니다. 감정과 권리를 가진 온전한 인격체로 바라보며, 그 시선으로 부모의 역할과 책임을 다시 묻습니다. 면접교섭, 양육권 등 이혼 이후 마주하게 되는 다소 어렵고 낯선 주제들을 제도의 언어를 넘어 살아 있는 사례 속에서 차분히 짚어갑니다. 유엔 아동권리협약과 유엔 아동권리위원회의 〈일반논평〉 역시 생생한 이야기와 함께 책 곳곳에 자연스럽게 녹아 있어, 아이의 권리를 삶 속에서 실천하려는 이들에게 좋은 이정표가 되어주기도 합니다.

부모에게는 더 나은 선택을 위한 지혜를, 실무자에게는 깊이 있는 이해와 실천의 기준을 건넵니다. 더 나은 아이의 미래를 고민하는 누구든 이 책을 통해 아이의 시선에서 그 실마리를 찾을 수 있게 되길 바랍니다.

김예원 　변호사·장애인권법센터

차례

추천의 말   4
시작하며   이 책을 읽는 분들께   11

1부   이혼해도 자녀를 변함없이 사랑하는 부모들

1장   이혼할 때 가장 먼저 챙겨야 할 보물은   29
2장   현명한 부모는 이혼해도 자녀와 헤어지지 않는다   36
3장   엄마 아빠가 이혼해도 너에 대한 사랑은 변치 않아!   44

2부   연령과 발달 상태에 따른 면접교섭의 기초

4장   우리 아이를 위한 최선의 면접교섭 | 원칙과 기준   57
5장   아기도 면접교섭을 해야 한다 | 영유아기(상)   69
6장   아이의 발달 수준과 생활 주기에 맞는 면접교섭 | 영유아기(하)   79
7장   특별한 날들의 면접교섭 | 유치원기와 명절   90
8장   아이도 부모의 이혼에 준비가 필요하다 | 초등학교 저학년(상)   101
9장   아이의 마음을 건강하게 지키는 이혼 | 초등학교 저학년(하)   110
10장   그저 기다리기만 해서는 결코 오지 않을 어떤 기회 | 초등학교 고학년   122
11장   낯설어진 자녀와 함께 춤을 | 사춘기(상)   131
12장   너무 일찍 어른이 되는 아이들 | 사춘기(하)   139

3부　다양한 상황에서의 면접교섭 심화 문제 풀기

13장　나쁜 면접교섭을 피하는 방법 | 아이 중심의 면접교섭이어야 한다　　151

14장　양육비와 면접교섭, 그 애증의 역학　　159

15장　아빠의 '여친', 엄마의 '남친', 그리고 새로운 관계들　　170

16장　재혼 가정의 면접교섭　　180

17장　엄마도, 아빠도 면접교섭을 | 여러 사람 손에서 키워지는 아이들　　191

18장　자녀에게 이혼에 관해 말하기　　203

19장　양육권이 아니라 양육자, 양육 의무자　　213

20장　면접교섭의 장애물 함께 넘기　　221

21장　사람이 사람을 만난다는 것 | 부모란 무엇인가　　230

22장　부모가 부모다워야 아이가 제자리를 찾는다　　248

마치며　남은 이야기들　　259

일러두기

1. 이 책에 실은 아동의 권리에 관한 협약, 유엔 아동권리위원회의 〈일반논평〉 등은 지은이가 우리말로 옮긴 경우가 있다.
2. 국립국어원 표기 기준을 따랐으나, 자연스러운 전달을 위해 구어 표현은 그대로 두기도 했다(예, ~구요 등).

시작하며

이 책을 읽는 분들께

판사도 설득을 해야 합니다

처음 면접교섭에 관해 칼럼을 쓰게 된 것은 저로서는 순전히 업무의 연장이었습니다. 이혼과 관련한 가사 재판을 하면서 생각보다 많은 부모가 너무나도 당연한 '자녀와의 관계 유지'에 대해 잘못 생각하고 있는 것을 보고 놀랐습니다. 즉, 이혼하면 자신들이 헤어지는 것뿐 아니라 자녀까지도 한쪽 부모와 헤어지게 되는 것을 당연시하거나 심지어 의도적으로 분리·단절시키기까지 하는 것이지요. 적어도 '부모와 자녀가 만나야 한다'는 당위는 알고 있더라도 그 방법에 대해 무지하거나 서툰 경우가 많아 안타까웠고요. 재판기일에 구술로, 또는 그에 앞서 당사자들에게 (재판장이 당사자에게 설명 또는 증명하거나 의견을 진술할 사항을 지적해 변론기일 전에 준비하도록 명하는) '석명준비명령'이나 '재판절차안내' 같은 서면으로 그 당위부터 설명하고 실질적인 방법들을 제시하기까지 나아가는 것은 지난하고 힘든 과정이었습니다. 왜냐하면 어떤 사람들에게는 그 당연한 것이 전혀 당연하지 않아서 '부모와 자녀가 만나야 한다'는 지당한 내용을 설득하는 것에서조차 실패하곤 했기 때문입니다.

　판사는 판결할 권한이 있는데 왜 설득을 해야 할까요? 돈이나 물건에 관한 민사 판결과 달리, 가사 판결의 특수성은 강제집행이 불가능하거나 설령 가능하더라도 강제성을 띠는 순간 그 조항이 목적하는 중요한 기능을 다할 수 없는 경우가 종종 있기 때문입니다. 면접교섭이 그 대표적인 경우입니다. '사람 사이에 면접교섭이란 것을 과연 강제할 수 있는가?' '설령 강제로 한다 해도 그러한 면접교섭은 아이에게 어떤 영향을 주게 될까?' 이 두 질문에 대한 고민을 조금만 해봐도 판사가 판결이 아닌 설득을 하는 이유나 가사 판결의 강제집행이 곤란한 이유를 바로 알 수 있습니다.

　그래서 가능한 한 재판하는 과정 내에서 당사자들에게 안내하고 설명하고 설득하고, 나아가 실질적으로 가족 관계 안에서 그 당위가 구현 가능해지도록 전문적으로 돕기 위해 상담이나 코칭, 연습, 훈련 등까지 제공하려고 노력합니다. 그러고서 나타나는 (때론 나타나게 될 또는 나타나야 하는) 결과들을 이행이나 실현 가능한 조항으로까지 잘 구체화해야 비로소 그 판결이 온전한 제구실을 할 수 있게 되는 것이지요.

예컨대, 이혼 판결이 나기 전에 이미 1년 전부터 불화로 별거하게 된 부부가 있다고 가정해봅시다. 별거하던 중에 자연스레 이미 한쪽 부모와 자녀가 만나지 못하게 된 지도 1년이 넘은 상황을 생각해보면서요. 그러면 부모끼리도 갈등으로 대화조차 어렵고 별거로 인해 한쪽 부모와 자녀도 서먹하고 불편한 감정들이 쌓이게 된 상태에서, 아무리 '현명하신 재판장님'이 판결에 한 달에 세 번 주말에 만나라고 쓴다 한들, 안 만나던 부모와 자녀가 그때부터 갑자기 만날까요. 만나더라도 과연 함께 시간을 잘 보낼 수 있을까요.

그런데 사건마다 일일이 구술로 또는 서면으로 설명하고 설득하고 바람직한 관계 구축을 위한 조정조치(adjustment)를 하는 것은 너무도 지치고 힘든 일이었습니다. 그러던 중에 기회가 닿아 《로톡뉴스》(2020~2023년)와 《이투데이》(2023~2024년)에서 면접교섭에 대한 칼럼을 쓰게 되었습니다. 면접교섭에 대해 일반 대중을 교양하고 전반적 인식 개선을 꾀한 글이었습니다. 당사자들에게 매번 같은 얘기를 해야 할 때, 칼럼의 링크를 보내주거나 프린트해서 읽어보라고 주기도 했으니, 저로서는 정말 업무의 일환으로 그 글들을 쓰게 된 셈이지요. 그러다 아예 한 권의 책으로 만들어내자는 출판사의 제안에도 선뜻 응하게 되었습니다. 시중에 책으로 풀려서 운이 좋으면 좀 더 많은 사람이 면접교섭에 대한 올바른 사전 인식을 가지고 재판에 임할 테니, 매번 같은 내용의 석명준비명령을 반복하지 않게 된다면 업무상 피로도는 줄고 효율은 올라가겠구나 하는 희망도 가지면서요.

증인의 자세로 증언을 하듯

하지만 막상 이 책을 쓰려고 보니 칼럼 원고들을 만지작거릴 뿐 오랜 시간 적잖이 망설이고 있는 자신을 발견하였습니다. 못 쓰겠다는 생각마저 들기도 하더군요. 내가 왜 그럴까 곰곰이 생각해보니, '한 아이가 자라는 데에 부모와의 관계 유지가 꼭 필요하다'고 말할 수 있을까 의문이 들었기 때문이었습니다. 그것이 과연 책으로 써도 될 만큼 지금, 그리고 앞으로도 계속 유효한 원리일까 조심스러웠고 저 스스로 확실한 답을 내릴 수 없었습니다.

가족이 해체되고 종래와는 다른 다양한 가족 형태가 생겨나고 있는 한편, 아이의 양육에 필요한 많은 영역이 파편화·산업화되어 부모의 손을 떠나 손쉽게 외주화되고 있는 현실의 변화가 너무나 빠르지 않은가요. 사회의 급격한 변화 속에서 가족이란 것은 인간의 탄생과 양육, 성장, 그리고 성인 이후의 삶에서 어떤 역할과 기능을 하게 될까요. 인간에게 부모란 무엇일까요. 부모는 과연 필요한 존재일까요. 한 아이가 태어나는 데에는 정자와 난자의 수정과 착상, 출산을 가능케 할 산업과 돈만 있으면 되고, 그 아이를 키우고 교육하는 것 역시 다양한 영역의 외주 시스템을 이용할 수 있는 재력만 있으면 되는 세상으로 바뀌어버린 것은 아닐까요. 그런 세상에서 과연 부모는, 가족은 아이에게 무엇을 줄 수 있고 주어야 할까요. 인간의 아이가 어엿한 성인이 되는 데에 어디까지가 꼭 필요한 것이고 어디서부터는 없어도 되는 것일까요.

아쉽게도 저는 아직 그 답을 알지 못합니다. 다만 계속되는 고민 끝에 제가 얻은 결론은, 그 답은 제가 낼 것이 아니라는 것뿐입니다. 이 책을 쓰는 데에 저에게 필요한 것은 단지 증인 또는 관찰자의 자세로 제가 보고 듣고 경험한 것들을 정직하고 성실하게 말하는 것뿐임을 깨닫게 되었지요. 제가 판사로서 업무를 하면서 알고 있고 더 알아가게 된 전문적인 지식은 현재의 법 자체뿐 아니라 그 법이 실제로 가족과 부모 자녀 사이에서 어떻게 작동하고 있고 또 작동해야 하는지에 관한 모든 것을 포함합니다. 저의 역할은 이를 담백하게 발화하는 데서 그치고, 그 이후 저 질문들에 대한 답을 내가는 것은 바로 여러분 각자의 몫이 되어야 할 것입니다. 법 실무가로서 저는 사회의 변화를 잘 읽어가며 규범이 어떻게 적응적으로 작동해야 하고 또 변화해야 하는지 신중히 살피는 것까지만 할 수 있을 뿐, 부모와 가족이 무엇이어야 하는지를 정의할 권한도 자격도 필요도 없는 것이지요.

그래서 저는 부모와 자녀의 면접교섭, 즉 부모와 자녀가 만나고 관계를 유지하는 것에 관해, 그것이 무엇이고 왜 필요한지, 어떻게 할 때 바람직한 결과가 나오고 어떤 경우에 해로운 영향을 미치는지, 피해야 할 것은 어떤 것들인지 등에 대해 강변하거나 과장하지 않고 마치 증언을 하듯이 제가 전문적으로 보고 들으며 배우고 알게 된 것들을 잘 말씀드려보고자 합니다. 아울러 이를 '아동의 권리'나 '아동의 최선의 이익(best interest of child)'이라는 관점에서 권리 중심 접근으로 다루어야 하는 것은 당연하며, 그와 조화되어야 할 부와 모 각자의 권리도 함께 다룰 것입니다.

미리 말씀드리지만, 우리나라 민법에는 '면접교섭'이라는 용어만 나오지 그 용어의 의미나 이를 통해 보장받아야 하는 아동의 권리에 대한 구체적인 내용은 나오지 않습니다. 하지만 우리는 대한민국헌법(이하 '헌법') 제6조에 따라 국내법과 동일한 효력이 있는 아동의 권리에 관한 협약(Convention on the Rights of the Child, 이하 '아동권리협약')을 따라야 합니다.

아동권리협약은 우리에게 민법과 마찬가지 효력이 있는데, 다행히 아동권리협약에 면접교섭의 구체적인 내용이 나옵니다. 아동권리협약 제18조는 **아동의 양육과 발달에 관해 부모 모두가 공동 책임**을 진다고 규정하고, 제9조는 아동의 최선의 이익을 위해 필요하지 않은 한 아동은 그 의사에 반하여 부나 모와 분리되어선 안 되며, 설령 분리되더라도 **부모 모두와 접촉하고 정기적으로 만나며 관계를 유지할 권리**를 가진다고 규정하고 있습니다. 우리 민법에 없는 면접교섭의 구체적 내용을 아동권리협약 제18조와 제9조의 내용으로 이해하고 적용할 수 있는 겁니다.

아동권리협약은 부모의 이혼을 비롯해 그 밖의 다른 여러 사정으로 한쪽 또는 양쪽 부모와 분리되더라도 자녀가 부와 모 각각으로부터 한결같은 애정과 돌봄을 받으며 그 관계를 지속할 수 있어야 아동의 최선의 이익에 부합하는 것으로 보고 있습니다. 우리나라 민법에서는 '아동의 최선의 이익'이라는 말 대신 '자(子)의 복리(福利)'라는 용어를 쓰고 있습니다. '자의 복리' 또는 '자녀의 복리'는 '아동의 최선의 이익'과 같은 뜻으로 봐도 무방합니다. 때로는 '아동의 최상의 이익'과 같은 뜻일 때도 있습니다.

아동의 최상의 이익이란 아동의 최선의 이익이 최우선적으로 고려되어야 한다는 원칙을 말합니다. 사람들은 종종 자신들이 아동의 최선의 이익을 도모한다고 생각합니다. 아동의 최선의 이익을 맨 나중에 조금 고려하는 정도로도 그렇게 생각되는 경우가 많습니다. 하지만 아동권리협약 제3조 제1항은 아동이 관련된 사안에서는 아동의 최선의 이익을 최우선적으로 고려해야 한다고 규정합니다. 따라서 그저 아동의 최선의 이익을 맨나중에 조금 생각하는 것은 별로 의미가 없습니다. 어떤 일을 결정할 때 그것이 아동 본인에게 영향을 끼치는 중요한 결정임에도 어른들 나름의 기준에서 정하고 나서 아동 최선의 이익도 덤으로 조금 고려해준다는 정도로는 부족하다는 말이죠. 아동 최상의 이익 원칙이 관철되지 않는 최선의 이익은 사실 '최선'이 아닐 수도 있습니다.

그런데, 미성년자녀를 둔 부부의 이혼은 아동에게 큰 영향을 주는 일임이 분명합니다만, 과연 우리나라에서 이혼에 관해 부모들이 일반적으로 아동 최상의 이익 원칙을 중시하고 있을까요. 나아가 사회나 국가에 미성년자녀가 있는 부부의 이혼에서 아동을 최우선적으로 고려하는 인식이 확립되어 있다고 말할 수 있을까요. 안타깝게도 아직은 긍정적인 답을 하기 어렵습니다.

부모가 자녀를 양육하는 것은 '권리'가 아니라 '의무'입니다

부모의 자녀에 대한 양육은 권리가 아니라 의무입니다. 이혼으로 없어지지 않습니다. 그리고 자녀는 손님이 아닙니다. 그런데 '면접교섭'이라니요. 이 용어부터가 '방문(visitation)'하는 느낌이나 마치 변호사가 구속 피고인을 '접견'하는 것 같은 의미를 내포하는 것처럼 보이지요.* 저는 이 용어부터 바꿔야 한다고 생각합니다. 부모가 공동 책임을 지는 '양육'이라는 행위를 단지 '면접'과 '교섭'에 납작하게 담을 수는 없지 않나요. 그리고 자녀가 권리자인 데도 대상화되어 방문이나 접견을 당할 뿐인 것으로 착각하게 만든다는 면에서도 잘못되어 있습니다. 근본적으로 '면접교섭'이란 용어 자체가 아동 권리 중심 접근 관점이 부재한 말로서, 적합한 대체 단어를 찾을 필요가 있습니다.

이혼을 하더라도 부모는 여전히 자녀 양육에 대한 공동 책임, 즉 '양육 시간'과 '양육 비용'을 분담할 의무를 집니다. 그러므로 미성년자녀가 '비동거 부모의 양육 시간'을 보장받을 권리와 양육비를 지원받을 권리를 가진다는 관점에서 종래의 면접교섭이나 양육비가 논의될 필요가 있습니다.

그래서 저는 향후 '**면접교섭**'은 '**비동거 부모의 양육 시간**'을 **충분히 제공받을 자녀의 권리**로 치환되어 명확히 규정되기를 희망합니다. 그뿐만 아니라 실무적으로 이미 위와 같은 의미로 관련 재판을 진행해오고 있습니다. 왜냐하면 '면접교섭'이라는 용어에도 불구하고 그것을 채울 내용은 현재 관련 법령의 해석으로도 충분히 위와 같이 이해될 수 있다고 보이기 때문입니다. 즉, 현행

- 참고로 영미권은 처음 면접교섭권이라는 것이 등장했을 때 '방문(visitation)'이나 '접촉(access)'이라는 용어를 사용했습니다. 이를 '비양육 부모의 자녀를 접촉할 권리(visitation rights)' 차원에서 논의한 것이지요. 그러나 최근에는 단편적으로 부모와 자녀가 만나는 것을 넘어 양육 활동, 즉 양육(parenting)' 또는 '공동양육(co-parenting)'이라는 용어를 사용하여 면접교섭권의 내용을 논의하고 있습니다.

법령 해석으로도 '비동거 부모의 양육 시간'을 충분히 제공받을 자녀의 권리로서 면접교섭권이 이해되어야 한다는 것이죠. 게다가 국내법과 동일한 효력을 가지는 아동권리협약의 관련 규범들을 직접적인 법적 근거로 삼을 수 있고요. 그럼에도 '해석'으로 인정되는 것과 '명시적으로 규정'되는 것에는 아무래도 규범력의 차이가 있기에 후자를 희망하는 것입니다. 이러한 기조는 이 책 전반에 걸쳐 내내 유지될 것입니다.

나아가 구체적으로는 결국 이 책의 내용을 요약하면, 부모님들에게 다음에 관한 실질적인 방법 측면에서 도움을 드리는 것이겠습니다. 즉, **아동의 권리 중심 접근법**에 기초한 면접교섭이 결국 **아동의 최선의 이익에 부합하는 '비동거 부모의 양육 시간'의 보장**이라 할 수 있고요. 이는 크게 두 가지, 즉 비동거 부모의 ① 양육 시간의 적절한 설계(design)와 ② 그 시간을 채워 넣는, 아이의 필요(needs)에 부합하는 양육 활동 내용이라 할 수 있는데요.

여기서 '적절히 설계되는 양육 시간'은 ㉮ 정기적으로(on a regular basis)˙ ㉯ 충분한 시간 동안 주어지되 ㉰ 유연해야 한다는 세 가지 요소를 갖추어야 합니다. 그리고 '아이의 필요에 부합하는 양육 활동'이란, 아이의 나이와 발달(development) 수준, 그리고 생활

• 아동권리협약 제9조 제3항에서 아동의 면접교섭권의 내용으로 규정된 필수 요소 중 하나입니다.

양식(life style)을 기본적으로 고려한 것이어야 합니다.

예컨대, 하루 중에도 여러 번 잠을 자고 아직 낮을 가리며 부모가 시야에서 사라졌을 때 다시 나타날 것을 기대할 능력이 아직 생기지 않은 유아의 경우를 생각해보지요. 이런 경우라면 아이가 깨서 활동하는 짧은 시간 동안에 주로 먹이고 씻기고 놀아주고 재우는 기본 양육 활동으로 면접교섭을 하되, 그러한 짧은 주기의 면접교섭을 자주 하는 방식이라야 합니다. 반면 학령기 이후 아동의 경우라면 숙박 형태로 충분한 시간을 함께 보낼 수 있도록 하되, 떨어져 생활하는 기간에도 전화나 문자, 기타 연락을 자유롭게 할 수 있도록 보장하여 비동거 부모와 충분히 대화하고 관심을 받을 수 있도록 해야 할 것이라는 식입니다.

이러한 아동의 최선의 이익에 부합하는 면접교섭, 즉 비동거 부모의 양육 시간 보장이라는 과제를 수행하는 구체적 방법을 모색할 때 한 가지 꼭 강조해서 짚어야 할 것이 있습니다. 바로 **아동 당사자의 의견과 마음을 듣고 반영하는 것**, 즉 **아동의 목소리가 들려질 권리****를 **실질적으로 보장하는 것**입니다. 면접교섭을 할 아동 본인의 말을 들어보지 않고서, 또는 그 아이의 마음을 제대로 알

** '아동의 목소리가 들려질 권리'는 아동권리협약 제12조에 규정된 아동의 권리로서, 종래에 아동의 의견표명권 또는 의견청취권, 피청취권 등의 용어로 논의되었던 것입니다. 그러나 이 용어가 이 권리의 내용을 미처 충분히 담지 못하는 면이 있어, 고민 끝에서 저는 이 명칭을 사용하고 있습니다. 자세한 내용은 이 책 109쪽 각주를 볼 것.

지도 못하면서 그 아이를 위한 면접교섭을 한다는 것은 어불성설일 것이니까요.

　아동권리협약 제12조는 아동에게 자유롭게 견해를 표현할 권리를 보장하고 그 나이와 성숙도에 따라 그 의견에 적절한 비중을 부여해야 하며, 아동에게 영향을 미치는 사법·행정 절차에서 아동의 목소리가 들려질 기회(opportunity to be heard)가 실제로 보장되어야 한다고 규정하고 있습니다. 이러한 규정이 우리나라에서도 국내법과 동일한 효력이 있음은 앞서 언급한 바와 같고요. 이 책에서 다루는 여러 사례에서 우리는 어떻게 아이의 목소리가 들리게 할 수 있는지, 어떻게 그 마음을 알아줄 수 있는지 함께 살펴볼 것입니다. 그러한 방법을 통해서 결국 아이의 최선의 이익에 부합하는 면접교섭을 어떻게 할 수 있을지 알아갈 것입니다.

좋은 부모가 되어가는
여정에의 초대

마지막으로 조심스럽게 말씀드리는 것은, 이 책의 사례들을 보시는 분들이 자신의 얘기로 느끼시더라도 절대 당황하시거나 걱정하지 마시라는 것입니다. 이 책의 사례들은 전부 각색한 것이고 제가 업무에서 접한 사건들의 수많은 파편을 새롭게 이어 붙여 가공한 것들이니까요. 하지만 이와 같은 사건과 상황이 비일비재하기 때문에 수많은 이혼 부모들이 다 자기 얘기로 느끼실 수 있을 뿐만 아니라, 이혼해보지 않은 부모들도 일부씩 자기 얘기로 느끼실 분이 많을 것입니다. 왜냐하면 이것은 우리 모두의 이야기이기 때문입니다. 누구라도 쉽게 그러한 처지에서 그러한 행동을 하고 또 그런 결과나 상황을 초래할 수 있는 이야기들이고, 인간 본성에서 자연스럽게 나올 만한 우리 자신의 이야기들인 거죠. 그러하기에 걱정하지 마시라는 것입니다.

결국 우리는 사랑했던 사람과 갈등을 겪는 슬픔과 그와 분쟁하는 아픔을 어떻게 이겨내고 성장할 수 있는지, 혹은 그 슬픔과 아픔을 오롯이 겪어내며 사랑하는 자녀들과 삶을 이어가는 방법을 어떻게 하면 배울 수 있는지 발견하게 될 것입니다. 또한 힘든 삶의 여정 위에서도 행복의 실마리를 찾아내고 각자 자신만의 가족 안에서 사랑을 느낄 수 있다는 것이 우리를 숨 쉬고 살아가게 한다는 걸 알게 될 것입니다. 미숙하고 실수도 하지만 자녀와 함께 부모도 배우고 성장해야 합니다. 우리는 그렇게 좋은 부모가 되어가고 자녀와 사랑하는 관계를 끝까지 유지할 수 있는 방법을 잘 배워갈 것입니다. 그 여정에 여러분을 초대합니다.

이 책에 대하여

이 책은 크게 세 부분으로 구성됩니다. 1부에서는 부모가 따로 살게 되어도 자녀에 대한 사랑과 양육책임은 달라지지 않는다는 원칙을 확인합니다.

이를 위한 구체적인 방법으로서의 면접교섭을 2부와 3부에 담았습니다. 2부는 면접교섭의 기초에 해당하는 내용으로, 면접교섭의 원칙과 기준을 먼저 짚어본 후 자녀의 연령과 발달 상태에 따라 어떻게 구체적으로 면접교섭의 방법이 달라지는지 상세히 살펴봅니다. 학령기 전(前) 단계의 영유아기를 ① 아주 어린 아기인 경우 ② 소위 '분리독립기'를 지난 경우 ③ 초등학교 입학 전 유치원기로 나누어 살펴보고, 초등학교 단계도 저학년과 고학년으로 나누어 보았습니다. 그리고 사춘기의 특성을 반영한 면접교섭에 대해서도 다루었습니다.

3부에서는 면접교섭을 하더라도 다양한 상황에서 여러 힘든 문제가 생길 수 있는 분들에게 도움이 되도록 어려운 이슈들을 함께 고민해보고자 합니다.

면접교섭을 하지만 잘못된 방법으로 아이를 힘들게 하거나, 양육비와의 상관관계 속에서 복잡한 갈등을 빚는 경우를 다루었고요. 특히 이혼 후 새로운 파트너가 생기거나 재혼 단계로 들어가는 경우의 면접교섭에 대해 필요한 말씀도 드립니다. 여러 사람

손에서 아이가 키워지면서 엄마 아빠 모두 면접교섭을 하는 경우라거나 혼외 관계에서 생겨난 아이에 대한 면접교섭을 둘러싼 고민들도 함께 나누었습니다. 그 외에 이혼 과정에서 자녀에게 이혼에 대해 어떻게 말해야 하는지 등 면접교섭을 잘하기 위해 반드시 거쳐야 할 과정에서 생기는 문제들과 면접교섭 과정에서 생기는 장해물들을 어떻게 헤쳐나갈지도 다루었습니다. 그러면서 결국 부모의 '양육책임'은 이혼하더라도 자녀와의 관계에서 지켜져야 할 원칙임을 강조했습니다. 나아가 이 '양육책임'에 대해 아동의 권리를 중심으로 접근하는 측면에서 우리가 알아야 할 것들도 확실히 정리해두었습니다.

그리고 매 장 말미에는 그 장의 이야기와 관련되는 아동의 권리 중 여러분이 꼭 기억하시면 좋을 만한 법 조항이나 아동권리협약 조항, 유엔 아동권리위원회의 〈일반논평〉*을 발췌해 소개했습니다.

이 책의 마지막 글인 〈마치며〉에서는 미처 못 다한 면접교섭에 관한 남은 이야기들을 넣었습니다.

- 유엔 아동권리위원회(Committee on the Rights of the Child)의 〈일반논평(General Comments)〉은 아동권리협약상 아동의 권리나 조항들에 대하여 아동권리위원회가 공식적으로 해설한 문서로, 아동권리협약의 구체적 해석 내용과 각 당사국의 실질적 이행 기준 내지 지침을 제공합니다. 〈일반논평 제26호: 기후변화에 특히 중점을 둔 아동의 권리와 환경〉(2023)까지 2025년 기준 총 26개가 발간되었습니다.

모쪼록 이혼을 할지 말지 고민하시거나 이혼을 앞두고 그 과정 중에 있으면서 자녀에 대한 면접교섭에 관해 궁금한 점이나 필요한 정보를 찾으시는 분들에게 이 책이 도움이 되었으면 합니다. 법적 이혼은 끝났으나 이혼 후 산처럼 쌓인 과제들을 처리하면서 또 자녀와의 면접교섭에 대해 여러 고민이 있으신 분, 그런 문제들의 해결책을 찾으시는 분들에게도 조금이나마 도움이 되면 좋겠습니다.

처음에는 이혼과 관련해서 면접교섭을 고민하며 이 책을 집어 들게 되었다 하더라도, 아마 이 책을 읽다 보면 어느새 '이혼'은 잊어버리고 '부모'로서 자녀를 어떻게 사랑할까만 고민하게 되실 거라 장담합니다. 그런 의미에서 사실 이 책은 '이혼 책'이 아니라 '부모 책'입니다.

그래서 이혼과 상관없이 '좋은 부모'에 관심 있는 부모님들, 선생님들, 아동에 관여된 일을 하는 여러 영역에 계시는 분들이 이 책을 보시면 좋겠습니다. 면접교섭을 잘 아는 어른들이 늘어나면 웃음을 잃어버리지 않고 어린 시절을 보낼 수 있는 아이들도 늘어날 테니까요.

1부

이혼해도 자녀를 변함없이 사랑하는 부모들

이혼할 때 가장 먼저
챙겨야 할 보물은

'만약 갑자기 집에 불이 나면 뭘 챙겨서 나가야 하지?'

문득 이런 생각이 들어서 집에 있는 중요한 물건들을 하나씩 헤아려본 적이 있으신가요. 그렇지 않더라도 평소 중요한 서류와 값나가는 물건, 귀중품 같은 것은 집에서 한군데에 잘 모아 소중히 두시곤 하죠? 여차하면 유사시에 한꺼번에 들고 나갈 수 있도록 아예 따로 가방 하나에 잘 담아 보관하는 분도 분명 계실 겁니다.

불난리나 물난리가 아니라, 이혼하는 경우라면 어떨까요? 이혼은 불난리나 물난리처럼 순식간에 벌어지는 재난은 아니지만, 원하지 않음에도 갑작스레 찾아오고 또 우리 삶의 평온을 파괴하며 고통을 준다는 면에서는 재난이나 마찬가지의 영향을 줍니다. 관계가 파괴되고 가정이 해체되며 그러면서 재산도 쪼개지고 재정도 악화됩니다. 사랑했던 배우자와 이별하는 과정은 아픈 상처와 극심한 고통이 되기에, 삶을 이혼으로 재편하는 시간은 정서적으로 피폐해 있기 십상이지요.

자, 이런 이혼을 맞이해야 할 때 우리가 가장 먼저 챙겨야 할 소중한 보물은 무엇일까요?

'이혼도 불났을 때나 마찬가지다! 재산을 잘 챙겨야 한다! 소중한 내 재산을 이혼하는 배우자에게 빼앗기지 않도록 내가 먼저 선수 쳐서 부지런히, 감쪽같이 빼돌려야 한다! 그러기 위해서는 필요한 법적 수단을 알아보고 변호사와 법률 상담을 하고 동분서주 바삐 움직여야 한다!' 아마 많은 분이 이렇게 생각하실 것 같아요.

아니면 다른 측면에서 이렇게 생각하는 분들도 계실 것 같아요. '이혼은 힘든 과정이니 나 자신이 무너지지 않도록 잘 지켜야 한다! 그래서 가능한 한 주변에서 나를 지탱해줄 사람들의 도움을 받고 필요하다면 전문가 상담도 받는 것이 좋다! 정신은 물론, 몸도 축나지 않도록 잘 챙겨 먹고 운동도 잘하고, 나의 몸과 마음을 잘 추스르는 게 급선무다!' 또는 '복수'를 생각하는 분들도 계실 수 있죠. '내 행복도 문제가 아니다! 너를 파멸시키고 너에게 복수만 할 수 있다면! 어떤 대가라도 감수하겠다! 이혼 과정이 어떻게 되든 너만 망하게 할 수 있다면 설령 내가 망해도 상관없다!'

설마 이런 생각을 진짜 행동으로까지 옮기는 분은 실제로는 많지 않을 것이지만요.

그런데 그 무엇보다도 가장 먼저 챙겨야 하는 보물은 따로 있습니다. 이혼하기 전부터, 이혼 과정 내내, 그리고 이혼 후에도 계속해서 늘 먼저 살피고 간수하고 잘 챙겨야 하는 보물! 그 보물은 바로 우리의 아이들입니다.

우리의 아이들을 소중히 보호하는 것! 이것이 미성년자녀가 있는 부모가 이혼하는 경우라면 가장 우선하여 챙기고 지켜야 할 중요한 원칙입니다.

이혼하는 본인들이 힘들고 고통스러운 것은 말할 나위가 없습니다만, 부모가 이혼하는 과정과 이혼 이후의 삶은 그 자녀들에게도 힘들 수 있습니다. 경우에 따라서는 깊은 절망, 슬픔, 무력감 속에서 아이들도 고통스러워합니다. 여기서 분명히 말하지만, 결코 부모의 이혼 자체가 아이들을 힘겹게 하는 건 아닙니다. 아이들에게 고통을 주는 것은 부모의 '싸움'과 그 싸움의 '양상', 그 결과로 아이들이 받게 될 '부정적 영향'입니다.

아이들은 엄마와 아빠 모두를 사랑하는데, 내가 사랑하는 사람끼리 싸우는 것, 또는 서로 상대를 아프게, 때로는 죽일 듯이 공격하는 것, 그 결과 내가 사랑하는 엄마와 아빠 모두가 다치고 망가지고 아파하는 것을 지켜본다는 건 너무나 괴롭고 힘든 겁니다. 어느 한쪽 편을 들 수도 없고, 그렇다고 엄마 아빠를 돕기 위해 아

이들 입장에서 할 수 있는 것도 없고, 많은 시간들이 이러지도 저
러지도 못하면서 흘러갑니다. 아이들 자신의 생활이 뒷전에 밀려
방치되거나 마음이 다치고 아파도 차마 엄마와 아빠에게 그런 얘
기는 꺼내지도 못합니다. 내가 사랑하는 엄마와 아빠가 지금 현재
어떤 상황이고 얼마나 힘든 마음인지, 누구보다 내가 제일 잘 아
니까요.

 그런 아이들을 우리 부모가 보호해야 할까요, 아니면 아이들
이 부모인 우리를 돌보고 우리에게 부모 노릇을 하게 내버려두어
도 되는 것일까요.

 우리 민법 제837조와 제843조에 따르면, 이혼하려는 미성년
자녀의 부모는 자녀의 복리를 기준으로 한 양육사항을 협의하여
야 하고 법원은 그 협의가 자녀의 복리에 부합하는지 살펴서 최
종적으로 양육사항을 정해야 합니다.

 '양육사항'에는 '양육자'와 '면접교섭(양육 시간의 분배)', '양육
비(양육 비용의 분담)', 이 세 가지 사항이 반드시 포함되어야 하는데,
여기서 '양육'이란 '의무'이지 권리가 아니라는 것이 중요합니다.

 부모가 자녀를 양육하는 것은 부모의 권리가 아니라 자녀를
이 세상에 출생한 부모로서의 당연한 의무입니다. 자녀에 대한 의
무이지요. 부부가 이혼했다고 하더라도 그것은 부부끼리의 문제
일 뿐 그로 인하여 자녀에 대한 부모로서의 관계나 양육 의무가

변할 수 없고 변해서도 안 되는 것입니다. 부모가 이혼하는 경우 외에도 혼인이 나중에 무효로 되거나 취소되는 경우도 마찬가지입니다.

그럼에도 이혼이 부부 사이의 이혼에 그치지 않고 마치 자녀하고도 이혼하게 되는 것처럼 착각하는 분들이 아직도 적지 않습니다. 아주 오래전, 처에 대한 축출이혼* 같은 것이 허용되던 시절에 이혼으로 집에서 쫓겨나면 자식도 못 만나는 상황 같은 것을 떠올리는 걸까요? 아니면 심각한 잘못으로 유책 배우자**가 이혼당하면 그 벌로 자녀도 만나지 말라는 식의 복수 감정이 깔린 드라마가 횡행해서일까요?

사실 두 경우 모두 부부간의 문제를 자녀에게까지 확장시키는 잘못된 예에 불과합니다. 그로 인해 자녀에게 해를 끼치므로 요즘에는 점차 이를 지양하려는 노력도 늘어나고 있습니다. 아이가 무슨 죄가 있어서 부모를 못 만나야 하는 걸까요. 어른이야 잘못했다 치더라도 왜 벌을 아이까지 받아야 할까요. 나쁜 배우자라고 해서 부모로서도 나쁘다고 단정할 수 없지요. 설령 그렇다고 하더라도, 자녀가 분리되어야 할 정도로 나쁘다고 함부로 단정하

* 배우자를 일방적으로 내쫓거나 사회 경제적 우위를 이용해서 혼인 관계를 끊으려는 형태의 이혼을 말합니다.
** 유책 배우자란 이혼의 원인된 잘못이 있는 배우자를 말하는데, 잘못은 어느 한쪽만 있을 수도 있지만 양쪽 모두 있을 수도 있습니다.

는 것은 논리적 비약입니다. 나쁜 아내, 나쁜 남편이지만 좋은 부모일 수 있고요. 아무리 나쁜 부모라도 아예 분리시켜서 아이가 못 만나게 할 정도까지 나쁜 부모는 극히 드물다고 봐야 할뿐더러, 법은 아예 그런 경우는 법원 결정으로 예외적으로만 인정하도록 하고 있거든요.

요컨대 우리는 배우자와 이혼하더라도 절대 자녀와는 이혼할 수 없고(아시겠지만 메타포입니다!), 자녀에 대한 양육 의무에서 벗어나지 못합니다. 단지 더 이상 남편과 아내가 아니게 된 사이에서 자녀에 대한 양육 시간과 비용을 분담해 시간표를 짜고 돈을 나눠 부담해야 하는 관계로만 바뀌는 것일 뿐이죠. 여기서 시간표란 엄마의 양육 시간과 아빠의 양육 시간이 적절히 배치되도록 일정을 잘 짜 넣는 것을 말하는 것이고, 돈은 양육비를 말하는 것입니다.

아동권리협약 제3조는 아동이 관련된 사안에서는 그 무엇보다도 아동의 최선의 이익을 최우선적으로 고려하여야 한다고 '아동의 최상의 이익 원칙'을 분명히 규정하고 있습니다.

이혼은 힘든 과정이지만, 어제보다 더 나은 내일을 위한 또 다른 삶의 선택인 만큼, 건강하고 안전하게 잘 치러나가되, 우리 아이들의 삶에도 지대한 영향을 끼치는 중요한 사안임을 잊지 말아야겠습니다. 그리고 이혼하는 과정의 어려움 속에서도 가장 소중한 보물인 우리 아이들만큼은 꼭 잘 지켜내야 한다는 것, 우리 아이들의 최선의 이익을 우선시하여 변함없는 사랑으로 자녀들을 잘 키워나가야 한다는 것을 꼭 기억하기로 해요.

> **유엔, 아동권리협약 제3조 제1항**[*]
>
> 공공 또는 민간 사회복지 기관, 법원, 행정 당국, 또는 입법기관 등에 의하여 실시되는 아동에 관한 모든 활동에 있어서 아동의 최선의 이익이 최우선적으로 고려되어야 한다.
> In all actions concerning children, whether undertaken by public or private social welfare institutions, courts of law, administrative authorities or legislative bodies, the best interests of the child shall be a primary consideration.

- 아동의 최상의 이익 원칙에 관한 내용이다.

현명한 부모는
이혼해도 자녀와 헤어지지 않는다

'황당하군!'

어떤 30대 초반의 젊은 부부가 재판상 이혼을 하러 왔는데, 양육사항에 관해서는 이미 합의를 했다면서 써낸 서면을 보니, 난감하기 짝이 없었습니다.

그 젊은 부부는 만 2세, 만 4세의 어린 아들과 딸을 두고 있었는데요. 이혼 후 양육사항이라고 써낸 것이 달랑 친권자 및 양육자 하나뿐이었습니다. 그것도 아들의 친권자 및 양육자는 아빠, 딸의 친권자 및 양육자는 엄마로 합의했다는 것이었습니다.

우리 민법은 제837조에서, 미성년자녀를 둔 부모가 협의이혼을 하려면 반드시 세 가지, 즉 양육자의 결정, 양육 비용의 부담, 면접교섭권의 행사 여부 및 방법에 관해 반드시 우선 협의해서 정하도록 하고 있고, 그 협의가 자녀의 복리에 부합하는지 법원이 반드시 잘 살펴보도록 하고 있으며, 자녀의 복리에 반하는 협의 내용이 있을 때에는 법원이 보정을 명하는 등을 거쳐서 반드시 자녀의 복리에 부합하는 양육사항을 정하도록 하고 있습니다.

제가 위 문장에 '반드시'를 반복해서 쓴 것을 보셨나요? 얼마나 중요하면 '반드시'를 네 번이나 썼을까요? 다시 말해서, 미성년 자녀가 있는 부모의 이혼에 관해서는 이혼 후 양육사항에 관하여, ① 부모의 협의의무 ② 양육자, 양육비, 면접교섭, 이 세 가지의 필수사항 ③ 그 양육협의의 내용에 관한 법원의 심사의무 ④ 법원이 최종적으로 그 책임하에 자녀의 복리에 부합하는 양육사항을 도출해내야 할 의무가 있습니다.

나아가 이는 협의이혼에만 적용되는 것이 아닙니다. 민법 제837조를 민법 제843조에 의해 재판상 이혼에도 준용하도록 되어 있으므로, 결국 모든 이혼 절차에 예외 없이 해당되는 것입니다. 그래서 저는 그 젊은 부부를 변론기일에 법정으로 불러서 그 황당한 양육협의 내용에 관해 심리하기 위한 이야기를 나누어보았습니다.

그들의 이야기인즉슨, 둘이 불같은 사랑에 빠져 결혼했지만 막상 너무 맞지 않아 격렬하게 싸우는 일이 반복되면서 서로 너무나 힘들었고, 진지하게 깊이 고민한 끝에 이혼하기로 했으며, 이혼으로 완전히 인연을 끊고 서로 안 보며 각자 평안하게 사는 것만이 답이라는 어려운 결론을 내리게 되었다는 것이었습니다.

'그래서'(대체 왜 '그래서'로 연결되는 것인지 알 수 없었지만) 딸은 엄마가, 아들은 아빠가 데리고 살면서, 각자 상대방은 안 보고 자기가 키우는 아이만 책임지고 잘 키우기로 했다는 것이었어요. 따라서 면접교섭은 필요 없고 양육비도 각자 알아서 자기 아이 것만 부담하면 되니까 양육비 주고받고 할 것도 없다고 하더군요.

그 얘기를 들으니 더욱 황당했습니다. 그래서 물었죠.

"네, 싸우는 과정이 서로 얼마나 힘들었으면 그렇게 완전히 갈라서기로 힘든 결정을 하셨을까요? 이해가 됩니다. 그런데요, 두 분이 안 맞아서 완전히 연을 끊기로 한 것은 이해가 되는데, 왜 애들까지 이혼을 시키는 건가요?"

"네에?" 이번만큼은 그 둘이 의사합치가 되어 동시에 눈을 동그랗게 뜨고 한목소리로 되묻더군요. "애들을 이혼시키다뇨?"

"지금 그 합의대로라면, 엄마와 아빠가 이혼하면서 딸과 아빠, 아들과 엄마도 마치 이혼하는 것처럼 되잖아요. 그런데 만약 딸이 아빠가 보고 싶으면, 그리고 아들이 엄마가 보고 싶으면, 그땐 어떻게 하죠? 그리고 딸에게도 아빠가 필요하고, 아들에게도 엄마가 필요하잖아요."

"아니에요. 우리는 각자 알아서 잘 키울 수 있어요. 매일 싸우는 걸 보여주느니 차라리 각자 하나씩 데리고 사는 게 나아요. 우리는 이혼해야 돼요. 왜 판사님은 이혼에 대해 부정적으로 보시죠? 편견을 가지시면 안 되죠!" 이번에도 그 둘은 한목소리로 언성을 높였습니다.

"아니, 두 분이 이혼하지 말라는 것이 아니라요. 이혼은 두 분의 자유인데요. 이혼은 부부끼리 하는 것이지, 왜 자녀와도 이혼하려고 하시냐는 거죠. 왜 부모가 이혼하는데 아무 잘못도 없는 아이들이, 딸은 아빠를 잃어야 하고 아들은 엄마를 잃어야 하냐는 거죠. 아이들에게는 엄마도 필요하고 아빠도 필요하고 부모 모두 필요하잖아요?"

두 사람은 말문이 막힌 듯 눈을 끔벅거리다가, 아빠 쪽이 입을 열었어요.

"하지만 우리는 서로 보고는 못 살아요. 마주치기만 하면 싸우니까요. 그럼 한 사람이 다 키우는 수밖에요. 제가 애들을 포기하도록 하겠습니다." 애들 '양육권'을 포기하겠다면서 말하는 그 아빠의 말투는 비장하기까지 했어요.

"한 사람이 다 키우고 다른 쪽과 인연 끊는 것도 아이들 입장에서는 마찬가지예요. 애들에게는 엄마, 아빠 모두 필요하다니까요? 애들은 엄마와 아빠의 양육을 받아야 해요. 양육에 관한 한 아이들이 권리자죠. 부모는 양육의 의무자인데 의무자가 뭘 포기한다는 거죠? 권리나 포기하는 거지, 의무를 맘대로 포기할 수 있나요?" 제가 찬찬히 설명을 해드렸습니다.

"판사님, 그럼 어떻게 하란 말인가요? 우린 이혼해야 합니다. 안 보고 살아야 해요." 그 젊은 부부가 다시 묻더군요.

"두 분은 이혼하시되, 부부로서의 연은 끝내시지만, 아이들을 생각해서 부모로서의 의무는 성실히 수행해야 합니다. 부모로서 아이들에 대한 의무는 단지 데리고 사는 것뿐만 아니라 건강한 한 인간으로 자랄 수 있도록 아이들에게 필요한 모든 것을 제대로 제공해야 하잖아요. 아이들에게 단지 먹을 거, 입을 거, 잠잘 곳뿐만 아니라, 엄마와 아빠 자체가 모두 필요하지 않을까요. 사람의 아이에게는 엄마라는 존재, 아빠라는 존재 그 자체와 엄마와의 관계 및 함께 보내는 시간들, 아빠와의 관계 및 함께 보내는 시간들 그 모두가 필요하지 않은가요. 양육에서 아빠의 몫과 엄마의 몫이 다르고 아이들이 자라는 데에 그 각각이 모두 필요하지 않을까요."

우리 민법에 '면접교섭' 제도가 도입된 지가 35년이 넘었지만 아직도 이런 이야기들이 법정에서 오가고 있습니다. 1990년 민법 개정으로 부모의 면접교섭권이 도입되었고, 2007년 개정으로 자녀의 면접교섭권이 추가되었습니다. 나아가 면접교섭을 단지 권리로서 그 유무나 행사 또는 불행사의 문제로 국한하지 말고, 더 넓은 차원에서 '자녀의 복리'를 위하여 다루어야 합니다. 부모는 물론 아동 본인의 의사와도 상관없이, 양육에 필요하고 적합한 어떤 상태나 여건, 환경의 하나로서 자녀의 복리를 위하여 반드시 제공되어야 하는 것이 면접교섭입니다. 그럼에도 아직까지 우리 사회의 인식은 그에 턱없이 못 미치는 것이 현실입니다.

위의 젊은 부부의 예에서 보는 바와 같이 우리 각각은 이혼에 관한 실체법상의 권리, 이혼을 하기 위한 절차상의 재판청구권 및 그 밖의 권리들을 가집니다. 하지만 한편 부모로서 '자녀의 복리에 부합하는 양육사항의 결정과 그에 따른 면접교섭'을 이행하려다 보면 어떤 면에서는 마치 이혼에 관한 실체적, 절차적 권리의 일부를 포기해야 할 것처럼 느껴질 때가 있습니다. 부모라도 한 인간으로서 마음이라는 것이 있는데 자녀 때문에 그 의사를 스스로 묵살한 채 결코 마주 대하고 싶지 않은 배우자와 마주 앉아 미래의 자녀 양육 문제를 의논해야 한단 말인가 싶을 수 있습니다. '자녀의 복리'에 관한 법 원칙이 부모가 개인으로서 갖는 의사나 권리와 충돌하거나 모순된다고 여길 수 있는 측면이 분명히 존재합니다.

하지만 인간의 아이는 혼자 자라지 못합니다. 누군가 키워줘야 하는데 그 첫 자리에 부모가 있습니다. 처음부터 부모인 사람은 없지만 일단 부모가 되면 그 역할을 잘 배워갈 수 있고 또 자녀를 키우면서 받는 기쁨 또한 큽니다. 저는 모든 부모가 그럴 수 있다고 믿고 있고, 그럴 여건이 되지 않는 부모는 가정과 사회와 국가가 지원해주어야 한다는 것이 아직까지 인류 역사가 세워온 규범이라고 배워왔습니다. 그리고 부모는 자기 자신뿐 아니라 자녀도 사랑하기에 자녀의 고통도 자신의 고통이 되고 자녀의 기쁨이 자신의 기쁨이 될 수 있습니다.

　그래서 부모 각자의 개인으로서의 권리와 그 자녀의 최선의 이익, 이 양자는 충분히 양립 가능하고 모두 다 잘 충족시킬 수 있는 방법을 우리가 찾을 수 있다고 봅니다. 정확히 말하자면, 부모가 자녀의 최선의 이익을 우선적으로 고려하면서도 자신의 각자의 권리 및 원하는 바도 함께 이룰 수 있는 방법을 찾아가야 하는 것이지요. 자신의 더 나은 미래와 행복을 위해서 이혼하고자 하는 부모가 그와 동시에 자녀의 복리에 부합하는 이혼 후 양육사항을 잘 설계하고 실천하는 과제를 모두 잘 수행할 수 있도록 하기 위하여, 이 '면접교섭'이란 것을 어떻게 해야 하는지 좀 더 구체적으로, 풍성하게 그 내용들을 살펴보겠습니다.

민법 제837조 (이혼과 자의 양육책임)

① 당사자는 그 자의 양육에 관한 사항을 협의에 의하여 정한다.

② 제1항의 협의는 다음의 사항을 포함하여야 한다.

1. 양육자의 결정
2. 양육비용의 부담
3. 면접교섭권의 행사 여부 및 그 방법

③ 제1항에 따른 협의가 자의 복리에 반하는 경우에는 가정법원은 보정을 명하거나 직권으로 그 자의 의사·나이와 부모의 재산상황, 그 밖의 사정을 참작하여 양육에 필요한 사항을 정한다.

엄마 아빠가 이혼해도
너에 대한 사랑은 변치 않아!

'자녀와의 이혼'이라는 표현에 어색하고 불편한 감정을 감추지 못하는 사람들이, 막상 우리 사회에서 이혼 가정 아이들 중 한쪽 부모와 관계가 단절되는 경우가 적지 않음에도 그걸 보면서는 왜 불편함을 말하거나 문제라고 지적하지 않은 채 아무렇지 않게 놔두는 걸까요.

'제 부모들이 알아서 하겠지', '오죽하면 그럴까', '감정 정리하고 몇 년 지나 천천히 해도 되지' 같은 잘못된 태도로 수수방관하는 사이, 아이들에게서 엄마를 뺏긴 시간, 아빠를 잃은 시간은 다시 찾아올 수 없는 어떤 소중한 순간들로 흘러가버리고 맙니다. 민법에 '면접교섭'이 명시된 지 35년이 지났고 자녀의 권리로서 면접교섭권이 규정된 지도 18년이 넘었음에도, 아직 우리 사회에서는 부모가 이혼하면 자녀까지 한쪽 부모와 생이별을 함으로써 마치 부모는 자신들이 이혼하면서 아이들까지도 한쪽 부모와 '이혼시키는' 것 같은 상태를 초래하는 경우가 허다합니다.

앞의 장에서 언급했던 사례처럼, 만 2세, 만 4세의 어린 아들과 딸을 부모가 각각 하나씩 데려가 키우기로 하면서 서로 안 보고 각자 살기로 협의한 극단적인 경우만이 그에 해당하는 게 아닙니다. 실제로는 많은 이혼 부모들이 양육협의서의 면접교섭란에 그냥 형식적으로 '한 달에 두 번', '매주 주말' 같은 식으로 적어 내고는 이를 이행하지 않거나 또는 못 하거나 심지어 기억조차 제대로 못 하는 경우도 허다합니다. 단지 법적 이혼 절차를 통과하기 위해 법원에 내는 서류 중 하나일 뿐인 거죠. 부모끼리 대충 적어서 법원에 내고 말았을 뿐, 아이들과 상의하거나 아이들에게 앞으로 이러저러하게 진행이 될 것이라고 알려주지 않아서 아이들은 아예 그러한 면접교섭 약속이 있는지조차 모르는 경우도 많고요. 연령이나 발달 상태와 상관없이 아무렇게나 대충 적어 내서, 실제로는 이행 불가능하거나(예, 돌도 안 되어서 양육자와 분리 숙박이 불가능한 아기인데도 '1달에 1번 1박 2일') 제대로 면접교섭이 진행될 수 있을 거라고 기대하기 어려운 경우(예, 아직 말을 못하는 아기인데 '자유롭게 언제든지')도 흔합니다.

면접교섭 약속의 내용이 적정하지 않고, 그 약속이 실현될 가능성이 떨어진다면, 결국 그 면접교섭은 이루어지지 않게 됩니다. 그리고 자녀들은 부모의 이혼 이후 점차 한쪽 부모와는 멀어지고 단절되어갈 가능성이 큽니다. 함께 살지 않는 비동거친 쪽의 부모와는 점점 만나지 않게 되고 연락조차 뜸해질 수 있는 것이죠. 그러한 상태에 놓인 비동거친이 자녀의 양육비를 자발적으로 매달 꼬박꼬박 잘 챙겨줄 리도 만무하고요. 아이가 눈에서 멀어지면 자연스럽게 양육비 지급 필요성이나 절박성도 못 느끼게 되기 쉬우며, 따라서 그 지급의무를 게을리하거나 어기게 될 가능성도 커지게 됩니다(이 말이 결코 면접교섭의 미이행으로써 양육비의 미지급이 정당화될 수 있단 뜻은 아닙니다).

자녀들이 부모의 이혼 후에 한쪽 부모, 즉 엄마 또는 아빠와 멀어져서 그 관계가 단절되어간다면 그 아이들에게는 어떤 일이 벌어질까요. 딸에게 엄마가 또는 아빠가 없다면 어떻게 될까요. 아들에게는 엄마가 또는 아빠가 부재한 상황이 어떤 영향을 줄까요. 이 경우의 수 모두를 각각 상정하여 한번 생각해봅시다. 그 각각의 양상이 모두 다르니까요. 그리고 이를 더 세분해서 아이의 연령과 발달수준에 따라 어떨지도 한번 고려해보세요. 한두 살 영아기에, 또는 네다섯 살 유아기에, 혹은 초등학생일 때, 나아가 중고등학생일 때나 사춘기에, 그 소중한 각각의 단계나 시기에 아이들에게 엄마 또는 아빠가 없다는 것, 그것은 무엇을 의미할까요.

사별이나 그 밖의 이유로 인해 아이에게 엄마나 아빠, 또는 그 양자가 없다는 것(또는 없어진다는 것)과는 달리, 엄마나 아빠가

'있는데' 부모의 이혼으로 인해 어느 한쪽 부모와 '단절'된 채 제대로 만나지 못하고, 그로부터 필요한 양육과 돌봄과 사랑을 받지 못하는 것이 아이에게 주는 영향은 어떠할까요.

경우에 따라서는 아이들이 제대로 설명도 듣지 못하고 영문도 모른 채 어느 날 갑자기 한쪽 부모와 헤어집니다. 그리고 언제 다시 만날 수 있을지 기약도 없고 알 수도 없는 채로 그냥 살아갑니다. 아이들은 자신의 신상이나 신변을 둘러싸고 벌어지는 일들에 대해 알 권리가 있고 또 그에 대해 의견을 표명할 권리도 있으며 부나 모와 분리되지 않을 권리와 계속 만날 권리, 부나 모로부터 적정하게 양육받을 권리가 있는데(이런 권리들이 아이에게 있다는 것을 굳이 나열해 써놓아야 비로소 알 수 있는 것일까요?) 그 모든 권리가 무시되고 아이는 의사도 마음도 없는 것마냥 어느 한쪽 부모가 데리고 가서 키우면 족한 것으로 취급되기도 합니다. 하지만 심한 경우, 사람의 아이에게는 한쪽 부모와의 갑작스럽고 기약 없는 결별이 주는 고통과 해악이 너무 커서 '정서 학대'라고 평가될 수 있을 정도인데도 말이죠.

분명 그 영향과 의미가 클 것이고 부정적일 수 있을 텐데, 그동안 우리 사회는 이혼 가성 자녀의 면접교섭 문제를 애써 외면하고 회피해온 것은 아닐까 싶습니다. '이혼 가정의 자녀들이 부모의 이혼에도 불구하고 엄마와 아빠, 양친의 애정과 돌봄을 변함없이 골고루 받으며 건강하게 자랄 수 있도록 양육받을 권리'의 문제를 우리는 그다지 중요하게 강조하지 않아온 것 같습니다. 일차적으로 이혼 부모들 스스로 알아서 하도록 그들에게 맡겨 두고만 있는 분위기가 팽배할 뿐입니다. 사실 이혼 부모들은 이혼이라는 삶의 거대한 격변을 겪어내면서 해결해야 할 과제가 정서적(감정적), 법적, 경제적, 사회적으로 중첩되어 있는 데다가, 상당수의 경우 그 자신들이 무너지지 않도록 잘 견디고 헤쳐나가는 데만도 큰 에너지가 들고 처리해야 할 문제들이 많습니다. 그 와중에 자녀의 마음과 상황까지 잘 살피고 돌보면서 나아가기란 결코 녹록지 않습니다.

그러나 부모들에게 자녀만큼 중요한 것이 또 있을까요. 때론 부모 자신보다 더 소중하게 느껴지는 자녀들이기에, 이혼하는 부모들이 이혼 와중에는 정신없이 지내다가 이혼 후 신변이 정리되고 시일이 지난 어느 날 문득, 혼자 힘들어하고 있는 자녀를 발견한 연후에 비로소 '아, 내 소중한 자녀를 미처 신경 쓰지 못했구나' 하며 아차 하곤 합니다.

앞의 장에서 언급한 어느 이혼 사건의 젊은 부부, 어린 아들과 딸을 하나씩 각자 맡아 키우며 서로 안 보고 살기로 양육협의를 해서 법원에 출석했던 부부와 가사 재판 절차에서 나누었던 이야기로 돌아가볼까요. 다행히 그 30대 부부의 경우, 양육협의를 할 때 이혼 후 자녀들에게 엄마의 양육 시간과 아빠의 양육 시간이 모두 필요하다는 것과 그것을 보장하기 위한 엄마와 아빠 사이의 양육 협력관계의 구축이 중요하다는 것을 잘 이해했고 절차에서 좀 더 시간을 가지고선 새롭게 양육협의를 하였습니다.

우리 민법 제843조, 제837조는 미성년자녀를 둔 부모가 재판상 이혼을 하려는 경우의 양육책임을 정하고 있습니다. 이에 따르면 반드시 미성년자녀의 복리에 부합하는 양육협의를 해야 하며, 이때 양육협의에는 양육자, 면접교섭, 양육비 이 세 가지가 포함되어야 합니다. 그리고 그 양육협의가 정말 자녀의 복리에 부합하는지 법원이 심사하고 보장해주어 진정으로 자녀의 복리에 부합하는 양육사항을 도출하도록 되어 있고요. 그 절차에서 위 부부는 처음에 해온 양육협의 내용이 자녀의 복리에 부합하지 않으니 새로 협의를 하라는 보정권고를 판사한테서 받았습니다. 그러고서 다시 양육협의 절차를 밟은 것이고요.

물론 그 과정에서 이 부부는 애당초 그릇된 양육협의를 하게 된 이유, 즉 이혼과 자녀 양육을 둘러싼 그릇된 고정관념과 오해 또는 자녀 양육에 대한 몰이해를 바로잡기 위해서 법원의 부모교육을 받았습니다. 이 과정은 너무도 당연하고 정상적인 것입니다. 그분들이 잘못되거나 모자란 것이 아니란 말이죠. 이 부모교육은 법원에서 이혼 전에 일반적으로 모든 이혼 부모에게 제공되는 것이니까요. 다시 말해서 우리가 부모로서의 모든 것을 알고 배운 상태로 자녀를 낳는 것이 아니고, 결혼할 때부터 혹시라도 이혼할까 하여, 이혼 후의 자녀 양육 방법을 미리 배우는 사람은 없잖아요. 단지 몰랐고 잘못 알았던 것을 새롭게 배우고 이해하고서는 그에 따라 실천하면 되는 것뿐입니다.

그 젊은 부부는 아이들을 깊이 사랑하는 부모였기에, 법원에서 안내하는 이혼 부모교육에 잘 응했고, 또 그 이후에 이어진 아이들 상담, 부모 상담, 그리고 이혼 후 양육자 결정을 위한 양육자 평가 과정, 면접교섭과 양육비 협의 및 세팅 과정에 잘 참여하고 협조했습니다. 나아가 판사와 법원 상담위원의 전문적 조언을 잘 수용하면서 자신들의 여건과 상황하에서 자녀들의 복리를 최대한 도모하기 위한 이혼 후 양육사항에 대한 재협의를 잘 마치고 면접교섭 연습까지 수차례 해냈습니다.

이러한 연습이나 훈련 역시 특별히 잘못된 부모만 하는 것이 아니라 일반적으로 필요한 것인데요. 면접교섭을 할 때 지켜야 할 행동수칙, 예컨대 아이들 앞에서는 서로 웃으면서 인사하기, 아이들을 데리고 있을 때 서로 상대방에 대한 부정적 언급을 하지 않기, 서로 상대방의 양육 방식을 타박하지 않고 존중하기 등과 같은 것은 그저 정한다고 지킬 수 있는 것이 아닙니다. 연습이나 훈련을 통해 몸에 익히고 관계 안에서 실제로 구현해내야 준수할 수 있는 것이기 때문이죠. 다시 말해서, 전문가가 한쪽 부모와 역할극(role play) 등을 해보며 이 부모들을 미리 연습시킬 필요가 있고요. 실제로 면접교섭이 이루어질 때도 초기에 전문가가 참여해서 부모와 아이에게 구체적인 코칭이나 상담을 할 필요도 있습니다. 예컨대, 부모끼리 또는 부모와 아이 사이에 말을 주고받는 구체적인 방법(예컨대, 아이를 데려오고 데려다줄 때(즉, 인도 시에) 부모 간, 부모와 아이 간에 어떻게 인사를 주고받는지, 또 그때 아이를 돌보는 데 꼭 필요한 전달사항 등을 원만하게 말하는지 등)이나 바람직한 행동양태, 그리고 피해야 할 언행 등에 관해서요. 그렇게 몇 차례 훈련을 하다 보면 어느새 면접교섭을 잘하는 방법을 다들 몸에 익히게 됩니다.

그 젊은 부부 역시 이러한 노력으로 이혼 후 양육 협력관계를 긍정적으로 구축하고자 애를 썼습니다. 이혼 직후의 친권자 및 양육자를 아들에 대해서는 아빠, 딸에 대해서는 엄마로 하게 되었는데요. 이는 매우 특이한 상황으로 대부분의 경우는 형제자매를 이와 같이 분리양육하는 것이 좋지 않습니다.

형제자매 간의 분리양육을 하면 아이들의 안정감을 해칠 수 있음은 물론, 부모님들이 예상할 수 없는 부정적 감정이 아이들에게 생길 수가 있어요. 이혼 후 분리양육하는 가정을 나중에 보면, 희한하게도 양쪽 아이들 모두가 상대 쪽, 즉 안 키우는(같이 살지 않는) 부모로부터 버림받은 느낌을 갖는 경우가 아주 많더라는 거죠. 양쪽 아이들 모두, 같이 사는 부모로부터 사랑받는 느낌만으로 잘 크면 좋을 덴데 말이죠. 그래서 분리양육하는 형제자매들은 특히 더 여러 가지를 신경 쓰고 배려할 필요가 있고요. 같이 못 사는 쪽 부모는 면접교섭을 자주 하면서, 일부러 말로 명시적으로 따로 사는 자녀에게 아주 많이 사랑한다고 매번 강조해줄 필요가 큽니다. 그러니 대부분의 경우는 아이들을 모아서 부모 한쪽이 주 양육를 하고 다른 한쪽이 면접교섭을 하도록 합니다.

그런데 이 부부는 이혼 후 각각 원룸 정도밖에 마련할 수 없는 경제적 여건에다가, 양쪽 다 도와줄 부모님도 안 계시고, 하다못해 근처에 아이들을 잠시라도 맡길 수 있는 아는 사람도 하나 없었어요. 어느 쪽도 아이 둘 모두를 키울 형편이 되지 않았던 거죠. 그래서 불가피하게 이혼 직후 아들은 아빠를, 딸은 엄마를 친권자 및 양육자로 삼는 결론에 이를 수밖에 없었던 겁니다.

형편상 분리양육을 할 수밖에 없었던 이 부부는 자녀 양육을 위해 마침 아주 좋은 아이디어를 냈어요. 만 2세, 만 4세 두 아이를 한 어린이집에 보내서 어린이집을 거점으로 엄마, 아빠 모두 아이 둘을 수시로 볼 수 있도록 하자는 아이디어였어요. 이로써 아직 어린 두 아이가 서로 헤어지지 않으면서도 엄마, 아빠 모두의 밀착 양육을 받을 수 있는 훌륭한 해법이었죠.

두 아이를 한 어린이집에 보내서 주간에는 두 아이가 어린이집에서 함께 지내도록 했고요. 엄마와 아빠 모두 그 어린이집 주변에 집을 얻어서, 아침저녁으로 어린이집에 아이를 데려다 주고 데리고 오면서 다른 자녀도 함께 보거나, 언제든 어린이집을 들여다볼 때 어느 아이라도 볼 수 있도록 한 거죠. 그리고 주말에는 아이들을 모아서 한 주는 엄마 집에서, 한 주는 아빠 집에서 지내도록 하여, 아이들 모두가 격주로 엄마, 아빠와 각각 잘 지낼 수 있도록 세팅을 했습니다. 물론 사정에 따라서는 융통성 있게 주말 면접의 순서를 변경할 수도 있고요. 그 반사적 이익으로 부모 각각이 격주로 주말에 힘든 양육에서 벗어나 혼자 쉬기도 하고 친구도 만나며 재충전할 시간을 가질 수 있었죠.

이 젊은 부부는 성격이 맞지 않아서 도저히 부부로서는 더 이상 함께 살지 못하겠다고 이혼을 결정했지만, 자녀의 양육에 관해서는 이혼 후에도 '부와 모로서의 파트너십을 기반으로 한 양육 협력관계'를 잘 구축하기로 한 것입니다. 이러한 내용을 교육과 상담을 통해 잘 이해하고 잘 체득했으며 이를 실제로 연습하고 관계 내에서 구현해내면서 정말 바람직한 부모의 모습을 잘 보여주었습니다.

저는 이 젊은 부부를 보면서 '과연 나는? 내가 만약 이혼하게 된다면 배우자에게 부정적 감정이 있더라도 새롭게 교육이나 상담을 받으며 긍정적 양육 협력관계를 구축해낼 수 있을까?' 하는 생각에 그분들이 무척 존경스러웠습니다. 그러면서도 한편, 자녀를 사랑하는 부모들이라면 누구라도 이들처럼 이혼이라는 어려운 과제를 수행해나갈 때, 소중한 자녀를 절대 놓치지 않고 잘 보호하고 돌볼 수 있을 것이라는 기대와 확신도 들었습니다.

이혼 후 양육 협력관계를 구축하는 데 가장 중요한 면접교섭을 어떻게 할 것인가. 이 문제는 부모의 이혼 후 각각의 상태, 상황, 여건 등을 물론 고려해야 하지만, 자녀들의 연령이나 발달 상태, 교육 단계 등에 따른 필요, 그 밖에 여러 가지를 종합적으로 고려하여 '자녀의 복리'에 부합하도록 정하는 것이 근본적으로 중요합니다. 이제 본격적으로 자녀의 연령이나 상황에 따라 구체적으로 어떤 식으로 면접교섭을 하면 좋을지 살펴보도록 하겠습니다.

아동권리협약 제9조 제3항

당사국은 아동의 최선의 이익에 반하는 경우 외에는, 부모의 일방 또는 쌍방으로부터 분리된 아동이 정기적으로 부모와 개인적 관계 및 직접적인 면접교섭을 유지할 권리를 가짐을 존중하여야 한다.

States Parties shall respect the right of the child who is separated from one or both parents to maintain personal relations and direct contact with both parents on a regular basis, except if it is contrary to the child's best interests.

민법 제837조의2 (면접교섭권) 제1항

자를 직접 양육하지 아니하는 부모의 일방과 자는 상호 면접교섭할 수 있는 권리를 가진다.

2부

연령과
발달 상태에 따른
면접교섭의 기초

우리 아이를 위한
최선의 면접교섭

원칙과 기준

"판사님, 그럼 대체 어떻게 하란 말입니까? 우리도 나름대로 의논해서 이렇게 정한 거라고요!"

협의이혼의사확인을 진행하다가 종종 듣는 말입니다. 그뿐만 아니라 조정실에서나 법정에서도 드물지 않게 들을 수 있는 말이기도 합니다. 협의이혼의사확인을 받으러 와서, 또는 이혼 조정이나 이혼 재판을 하러 와서 왜 당사자가 판사에게 저런 말을 하게 되는 걸까요.

미성년자녀가 없는 부부가 이혼을 할 때, 즉 아이가 아예 없거나 혹은 아이가 있더라도 모두 성년이 되어버리고 난 부모가 이혼을 할 때는 저런 장면이 생길 일이 거의 없습니다. 부부끼리의 문제만, 즉 이혼 여부 및 이혼에 관련된 위자료, 재산분할 문제만 정하면 되니까요. 합의가 되면 합의대로 협의이혼이나 이혼 조정을 하고, 합의가 안 되면 재판을 통해서 정하면 됩니다.

　그러나 미성년자녀를 둔 부모가 이혼을 하려고 하면, 부부간의 이혼 문제뿐만 아니라 이혼 후 자녀의 양육 문제까지 해결하지 않으면 안 됩니다. 즉 민법 제837조와 이를 준용하고 있는 제843조에 따라서, 협의이혼이든 재판상 이혼이든 당사자는 미성년자녀의 이혼 후 '양육에 관한 사항'을 '협의'해야 할 의무가 있고, 그 협의가 '자녀의 복리(福利)'에 부합하는지 법원의 심사를 받아야 합니다. 이 양육사항에는 '양육자의 결정'뿐만 아니라, '면접교섭'과 '양육비'가 반드시 포함되어야 하고, 나아가 그 내용이 자녀의 복리에 부합해야 합니다.

　만일 양육협의를 하지 않거나, 양육협의를 했더라도 이 세 가지 필수요소(양육자의 결정, 면접교섭, 양육비) 중 하나라도 포함되어 있지 않거나 또는 그 내용이 자녀의 복리에 부합하지 않은 경우에는 법원으로부터 보정권고를 받습니다. 경우에 따라서는 법원이 직권으로 자녀의 복리에 부합하는 양육사항을 정하게 되기도 합니다. 보정권고를 받는다는 말은, 양육협의를 제대로 해야 한다는 것, 그래서 다시 양육사항을 자녀의 복리에 부합하게 도출해야 한다는 것을 의미합니다.

　이렇게 이혼 절차 중에 이혼 후 미성년자녀의 양육 문제를 다루는 과정에서 법원이 개입을 하다 보면, 그 부모가 "그럼 대체 어떻게 하란 말인가요?"라고 법원에 묻게 되는 일이 종종 생기는 거지요.

법원에서는 이와 같이 미성년자녀를 두고 이혼하려는 부모들의 양육협의를 돕기 위해 우선, 이혼 부모교육을 마련하고 있습니다. 이는 '자녀양육안내'라는 이름으로 이루어지고 있으나 그 실질은 이혼에 관한 부모교육입니다. 이혼 전에 실시되는 부모교육은 미국이나 독일 등에서는 의무적(mandatory) 절차로 되어 있고(우리나라도 민법의 이혼 절차 규정에 의무 교육으로 입법할 필요가 있습니다), 미국의 경우 '페어런팅 프로그램(parenting program)' 등의 용어*를 써서 이혼 부모의 자녀 양육에 대한 교육이나 다양한 프로그램과 강좌 등을 실시하고 있습니다. 우리 법원에서 이루어지는 이혼 부모교육의 주요 내용은 앞서 말씀드린 '이혼 부모의 양육협의 및 이혼 후 양육사항'에 관한 것으로, 이혼 부모는 누구나 법원의 안내에 따라 받을 수 있습니다.

두 번째로는, 법원이 공식적으로 개설한 '부모 홈페이지'**에 필요한 자료를 게시해두었는데(인터넷 포털이나 검색 사이트에 '부모 홈페이지'라는 검색어를 입력하시면 쉽게 찾을 수 있습니다), 이 사이트를 통해서 적법한 양육협의 및 양육사항 도출에 필요한 도움은 물론, 실제 이혼 후 자녀 양육에도 도움이 되는 여러 가지 정보와 지식을

- * '페어런팅 코스(parenting course)' 또는 '페어런팅 세션(parenting session)'이라고도 부릅니다.
- ** https://parents.scourt.go.kr.

얻을 수 있습니다. 앞서 말씀드린 법원의 이혼 부모교육에서 교재로 쓰이는 부모교육 동영상 두 편(1편은 '부모', 2편은 '면접교섭')˚도 모두 공개적으로 이 홈페이지에 게시해놓았고, 면접교섭의 구체적 방법과 준수사항을 제시해주는 〈면접교섭 가이드북〉과 양육비 분쟁을 방지하기 위한 '양육비 산정 기준표'도 수록되어 있어 매우 유용합니다. '부모 홈페이지'는 영어, 중국어, 일본어, 베트남어, 필리핀어로 언어 설정을 달리해서 볼 수 있고, 그러면 부모 교육 동영상 두 편도 해당 언어의 자막으로 볼 수 있습니다. 다문화 가정 부모님들이 꼭 보시면 좋겠습니다.

이 자료는 단지 '참고하면 좋은 자료'가 아니라 '꼭 참고해야 할 자료'라고, 현직 판사로서 감히 단언해서 말씀드릴 수 있겠습니다. 여기서 제공되는 정보와 지식에 기초해서 이혼 후 양육사항에 관해 양육협의를 하고 그 결과를 법원에 제출하면 이혼 절차가 효율적이고 순탄하게 진행될 수 있을 테니까요. 당사자들은 물론이고, 특히 변호사들께서도 이 자료를 꼭 먼저 보시길 권합니다. 변호사들께서 이 내용을 의뢰인들에게도 소개하면서 이혼 절차를 안내하신다면 미성년자녀를 두고 이혼하려는 의뢰인들의 법적 조력은 물론, 그 자녀들의 복리를 위해 힘쓰는 데에 크게 도움이 되리라 생각합니다.

- 업데이트되는 경우 동영상이 바뀌거나 늘어날 수 있습니다.

이와 같이 부모님들이 이혼에 앞서 부모교육을 받고 자료도 찾아보지만, 그래도 역시 내 아이에 관해 구체적으로 양육사항을 정하는 것, 특히 면접교섭에 관해 정하는 것, 그것을 이제는 헤어질 배우자와 협의해서 정해야 한다는 것은 정말 매우 어렵습니다. 그래서 서두에 나왔던 "판사님, 대체 어떻게 하란 말인가요?"는 결코 아무런 공부나 고민을 안 한 부모님들이라서 하셨던 말씀이 아니라는 것을 강조하고 싶습니다.

우리는 나면서부터 부모가 아니라 자녀를 키워가면서 부모가 되어가고요. 이혼도 어떻게 해야 잘할 수 있는지는 아픔과 시행착오를 겪어가며 알 수밖에 없는 것이기 때문에 이혼 과정을 겪어나가며 배워야 하는 것이지요. 그러니 "대체 어떻게 하란 말인가"라는 말이 나올 때, 그 말을 '최선을 다했지만 가로막힌 상황인 것 같아 답답하고 좌절스럽다'라고 생각하시기보다는 '그래도 다시 한번 어떻게 할 수 있을지 질문하고 있는 자신을 발견하고, 이런 나를 스스로 칭찬하며 찬찬히 방법을 찾아가보자'라는 뜻으로 받아들이고 거기서부터 새롭게 시작할 수 있으면 좋겠습니다.

이 글을 쓰고 있는 이유도 그러한 분들에게 좀 더 구체적이고 실질적인 도움이 될 수 있도록 하기 위함이고요. 그래서 면접교섭의 일반적인 원칙과 기준에 대해서 이번 장에서 다루고, 이후에는 몇 편으로 나누어 일반적인 방법들 및 나아가 자녀의 연령별로 달라지게 되는 구체적인 면접교섭의 방법들을 말씀드리려고 합니다.

우선, 면접교섭의 가장 기본적이고도 기본적인 원칙은 바로 '면접교섭은 아이를 위해서 하는 것이다!'를 잊지 않는 것입니다. 그리고 면접교섭의 기준도 바로 '아이의 복리를 기준에 놓고 고민하고 결정해야 한다!'는 것입니다.

너무나 당연한 것이라서 다소 실망스러우시다고요. 과연 그럴까요. 이 너무나 당연한 원칙과 기준을 우리는 종종 잊어버립니다. 때로는 일부러 무시하기도 합니다. 왜일까요. 상대 부모에 대한 미움, 증오, 환멸 등 부정적 감정이 때로 우리의 눈을 흐리고 마음을 꽁꽁 묶어버릴 때, 우리는 아이를 보지 못하게 되거나 일부러 옆으로 아이를 밀쳐놓게 되기도 하는 것이지요.

자, 그러나 생각해봅시다. 이혼 후에 미성년자녀를 데리고 살면서 키우는 부모가 있고, 한 집에 살지 못하고 시간과 장소를 정해서 만나야 하는 부모가 있습니다. 후자의 부모가 자녀와 만나는 것을 우리 법은 '면접교섭'이라는 용어로 규율하고 있습니다.

그런데 자녀의 입장에서 한번 생각해봅시다. 자녀는 태어나면서부터 성인이 될 때까지 부모로부터 잘 양육받을 권리가 있습니다. 양육은 부모의 의무이지 부모의 권리가 아닙니다. 양육은 자녀의 부모에 대한 권리입니다. 자녀는 부모의 양육을 잘 받을 권리가 있고, 그것은 결국 엄마의 양육과 아빠의 양육을 모두 잘 받을 권리를 포함하고 있습니다. 만약 자녀의 엄마와 아빠가 혼인 중에 있어서 동거하는 관계에 있다면 그 자녀는 한 집에서 자연스럽게 엄마의 양육과 아빠의 양육을 함께 받게 될 겁니다.

그러나 어떤 아이의 부모 사이에 혼인관계가 없거나 또는 여하한 이유로 엄마와 아빠가 동거하지 않는 상태에 있다면 결국 아이의 부모는 아이를 집에 데리고 살면서 돌보는 쪽의 부모와 따로 살면서 시간과 장소를 정해서 만나는 부모로 나뉠 수밖에 없습니다. 그럼에도 불구하고 아이의 건강한 성장과 발달에 필요한 양쪽 부모 모두의 적정한 양육을 보장하기 위해, 따로 사는 쪽의 부모도 아이에게 제공해야 할 또는 해야 할 양육 의무를 다하기 위해 필수적으로 확보되어야 하는 것이 바로 비동거 부모와 자녀 사이의 '면접교섭'입니다.

물론 따로 살면서 비용을 제공하는, 즉 양육비를 제공하는 것도 양육 의무를 이행하는 한 방법이긴 하지만, 양육비와 면접교섭은 택일이 아니라 둘 다 해야 하는 것입니다. 다시 말해, 아이와 동거하는 부모든 동거하지 않는 부모든 반드시 함께 양육 의무를 다해야 하고 그러기 위해서는 동거하는 한쪽 부모와 비동거 부모 사이에 양육 의무를 '분담'해야 하는데, '비용'을 분담하는 것이 바로 '양육비'이고 '(양육) 시간'을 분담하는 것이 바로 '면접교섭'이라 할 수 있겠습니다.

비동거친이라도 돈만 댄다고 되는 것이 아니라 양육 시간을 필요하고도 충분한 만큼 분담해서 직접 아이에게 제공해야 합니다. 아이에게는 엄마만 또는 아빠만, 즉 한쪽 부모만으로는 충분하지 않기 때문입니다('원래 없는 것'과 '있는데 단절되거나 손상된 것'은 다릅니다).

이는 아이에게 필요한 것이기 때문에, 설령 동거하는 부모라 하더라도 '내가 양육비 필요 없다' 또는 '나 혼자 키우겠다. 안 만나도 된다'고 할 수 없습니다. 아이의 복리를 위해 필요한 양육비는 꼭 제공되어야 하고, 아이의 복리를 위해 필요한 다른 한쪽 부모의 양육 시간의 제공도 꼭 이루어져야 합니다. 동거친은 오히려 그것이 원활하게 되도록 환경을 조성하고 적극적으로 협력해야 할 의무가 있습니다. 비동거친이 아이를 잘 만나고 필요한 시간을 함께 보내기 편하도록 적극적으로 배려해야 한다는 것입니다.

이것이 바로 '면접교섭의 원칙도 아이, 기준도 아이'라는 말, 즉 면접교섭을 하는 이유는 아이를 위해서 하는 것이고 면접교섭에 관한 기준도 아이가 되어야 한다는 것으로 요약될 수 있는 것입니다.

현실에서는 실제로 이 원칙과 기준이 무너지는 경우가 아주 많습니다. 어떤 경우들이 있는지 동거친 쪽과 비동거친 쪽을 나누어 각각 한번 살펴볼까요.

동거친, 즉 아이를 데리고 키우는 쪽의 부모의 경우, 아이에게 다른 한쪽 부모와의 양육 시간도 평온하고 안정적으로 보장되어야 아이가 건강하게 잘 자랄 수 있음에도 불구하고, ① 자기가 싫어서 상대 부모와 아이 간의 만남 자체를 꺼리거나 연락 또는 만남을 방해하는 경우가 있습니다. 그리고 ② 단지 양육비를 받을 방편으로만 아이를 상대 부모에게 보내는 경우(양육비 지급이 안 되면 면접교섭을 중단해버리는 경우, 아이를 통해 양육비를 달라고 요구하는 경우 등도 포함됩니다)도 있습니다. 한편 ③ 아이나 상대 부모를 통제하려 하면서, 시간이나 장소를 마음대로 바꾸거나, 면접교섭 때 무엇을 했는지 아이를 통해 염탐하기 또는 특정 방식의 면접교섭만 강요하는 경우도 있고요. 면접교섭을 하더라도 ④ 아이에게 상대 부모를 험담하거나 비난해서 아이와 편을 짜고 상대 부모를 소외시켜 버리는 경우도 있습니다. 이때는 결국 아이 스스로 상대 부모를 만나고 싶지 않다고 말하게 되거나, 아이가 비정상적으로 상대 부모를 비난, 증오하게 되기도 합니다. 나아가 ⑤ 아이를 핑계로(학원 일정, 친구 모임 등) 상대 부모와의 만남을 중단하는 등으로 결국 아이와 상대 부모와의 관계를 소원하게 만드는 경우도 흔합니다.

    비동거친, 즉 아이와 함께 살지 않고 시간과 장소를 정해서 만나야 하는 부모의 경우에도, 그러한 양육 시간을 평온하고 안정적으로 아이에게 제공할 수 있도록 스스로 노력하고 이를 위해 동거친과의 협력적인 양육 관계를 구축해야 함에도 불구하고, ① 자기가 (동거친을 보기) 싫어서 아예 아이와도 만나기를 꺼리거나 면접교섭에 소극적인 경우가 많습니다. 그리고 ② 아이의 마음이나 필요와는 상관없이, 자기 편할 대로 아무 때나 불쑥 찾아가거나 혹은 약속된 시간을 어기기, 함부로 미루거나 변경하기, 밤늦게나 새벽에 전화나 문자 등 연락하기 등으로 아이의 일상을 흩트리는 경우가 있고요. 한편 ③ 면접교섭 동안 아이를 잘 돌보는 데 신경 쓰기보다 동거친이 평소 자녀에게 어떻게 하는지 꼬치꼬치 캐묻거나 아이를 통해 염탐하기 또는 아이를 통해서 요구사항을 동거친에게 전달하는 경우도 있습니다. 나아가 ④ 면접교섭을 하겠다고 데려가서 아이를 방치하거나 조부모 등 다른 사람에게 맡기기, 술을 마신 상태로 아이를 돌보는 등 양육에 해로운 상태에서 아이를 면접교섭하는 경우도 있습니다. 또는 ⑤ 부정기적, 간헐적으로 의무방어전 치르듯이 아이를 면접교섭하면서 아이의 일상과 양육을 신경 쓰기보다 일회성 선물이나 이벤트 등으로 때우는 경우 등도 흔합니다.

'면접교섭이 아이를 위한 것이어야 한다'는 원칙과 기준이 무너지는 위와 같은 예들은 동거친의 경우든 비동거친의 경우든 모두 지양해야 하는 행위입니다. 아니, 결코 위와 같은 행위를 하면 안 됩니다. 그 이유를 단지 '규범이 그렇다'고 설명하는 것만으로는 부족합니다. 아동 전문가가 아니라 직업이 판사인 제가 위와 같은 예시들을 줄줄 읊는 이유가 무엇일까요. 이혼 재판 와중에 만난 아이들, 이혼 후에도 부모의 양육 분쟁 한가운데에 놓인 아이들을 수도 없이 만나면서 너무 자주 보아왔던 예들인데, 하나같이 그 속에서 아이들이 고통받고 있는 것을 보았기 때문입니다. 어떤 경우는 아이들을 너무나 사랑한 나머지 상대와 싸우는 것인데, 상대 부모와의 싸움은 아이들을 사랑해서 하는 행동일 때조차 안타깝게도 아이들에게 결과적으로 고통을 준다는 것입니다.

위와 같은 행위를 해서는 안 되는 가장 중요한 이유는 일차적으로 우리 아이들이 너무 힘들고 괴롭기 때문입니다. 부모끼리 상대가 싫어서, 미워서 하게 되는 행동이 결국 소중한 자녀만 다치게 만들 뿐이라는 거죠. 심지어 자녀를 사랑해서 했던 행동조차도 때로는 자녀에겐 고통이 될 수 있다는 것입니다.

게다가 위와 같은 경우들에서 아이들이 몸도 마음도 힘들고 괴로운 것뿐만 아니라, 자신이 엄마와 아빠에게 소중한 사람이라는 인식을 갖지 못하게 되는 결과도 많이 보았습니다. 자녀를 놓고 부모가 어떤 때는 서로 데려간다고 싸우고, 어떤 때는 서로 데려가라고 싸우다가, 심지어 자녀들을 새벽에 대문 밖에 놔둔 채로 부모가 가버린(다른 부모는 싸움을 위해 문을 열어주지 않았던) 일을 겪었던 한 아이가, 나중에 법원에 범죄자로 소년보호재판을 받으러 오게 된 것을 보기도 하였습니다. 엄마와 아빠에게서 중요한 존재로 대우받거나 존중받지 못하니 그렇게 취급받은 대로 스스로도 자신을 하찮게 느끼고 자존감도 낮아져서 그런 것일까요.

면접교섭을 아이 중심으로, 아이를 위해서 잘 수행해 가려고 하지 않을 경우, 무엇보다도 우리의 소중한 자녀가 부모로부터 사랑받고 존중받는 느낌을 받지 못하고 자존감이 낮아질 수 있다는 점을 꼭 기억했으면 합니다. 또한 그런 상태에서는 아이가 건강한 성인으로 자라기 어렵다는 것을 잊지 않았으면 합니다.

자, 그러면 어떻게 면접교섭을 하는 것이 아이를 위하고 아이를 중심에 둔 것일지, 이제 본격적으로 각 연령이나 발달 단계에 따른 구체적인 면접교섭의 바람직한 모습들을 살펴보기로 하지요.

유엔 아동권리위원회,
〈일반논평 제14호: 아동의 최상의 이익 원칙〉(2013)
58문단

아동이 부모로부터 분리될 가능성이 있는 상황에서 아동의 최선의 이익을 평가하고 결정하는 것은 불가피한 일이다(아동권리협약 제9조, 제18조, 제20조). 아동권리위원회는 '가정환경의 보존 및 관계 유지'가 아동의 최선의 이익을 결정하는 데 필요한 요소일 뿐만 아니라 구체적인 권리라는 점을 강조한다.

아기도 면접교섭을 해야 한다

영유아기(상)

• 민정씨 이야기 •

민정씨는 요즘 동현이 때문에 고민이 많다. 아무리 생각해도 아이를 위해선 이게 최선인 거 같은데 왜 상황이 생각대로 따라와주질 않는지, 더구나 아이 아빠란 사람이 어떻게 그렇게 아이 생각은 조금도 안 할 수 있는지 답답하기만 했다.

    선봐서 급하게 한 결혼이 금방 어그러지고 동현이 아직 돌잔치도 못 했을 때 한 이혼이라 상처가 컸다. 이것저것 생각할 겨를도, 준비할 여유도 없었다. 그저 동현이 키우며 살아남는 것 자체가 목적이었던 날들을 몇 해나 보냈다. 그 힘든 시간 동안 동현이 아빠가 양육비를 보내거나 안부라도 물어온 적이 없었다. 그렇다고 민정씨가 동현 아빠에게 연락한 적이 있는 것도 아니었다. 마치 처음부터 동현이 옆에는 엄마만 있었던 것처럼 민정씨는 동현이에게 아빠 얘길 아예 꺼내지 않았다. 아니, 없는 존재인 아빠 얘길 할 마땅한 방법을 찾지 못했다.

동현이가 서너 살 무렵 민정씨는 다행히 자상한 영진씨를 만나 점점 가까워졌다. 처음에는 직장 동료였다가 가까운 친구로, 어느 순간부터는 애인으로 발전했다. 영진씨가 집에 드나들면서는 자연스레 동현이와도 가까워졌다. 땀을 뻘뻘 흘리면서 동현이와 놀아주고 돌봐주는 영진씨를 보면서 민정씨는 새 가정에 대한 희망도 가지게 되었고, 어느 때인가부터 영진씨를 아빠라고 부르는 동현이를 보면서 마음 한편이 따뜻해지는 것을 느꼈다.

민정씨는 결국 영진씨와 재혼을 했다. 동현이에게 이런저런 설명을 하지 못한 채, 그냥 영진씨와 동현이는 부자지간으로 지냈다. 뭐랄까, 그냥 이런 평온함을 깨길 원치 않았고 특별히 일부러 어떤 설명을 할 필요성도 느끼지 못했으니까. 한번은 동네에서 마주친 아주머니 한 분이 "아빠랑 아들이 아주 붕어빵이네~"하며 지나갈 정도였다. 그런 평온한 시간들이 흘러갈 동안 민정씨는 모처럼의 안온함이 깨지지 않기만을 바랐다.

그러다 동현이가 초등학교에 입학을 하게 되자, 민정씨와 영진씨는 더 과감한 결정을 해야겠다고 생각하게 되었다. 왜냐면 동현이가 아빠라고 부르며 가족으로 함께 지내는 새아빠의 성을 따서 집에서는 동현이를 '박동현'으로 부르고 있는데, 가족관계나 주민등록 서류에는 친아빠의 성을 딴 '조동현'이 동현이의 공식적 성명으로 등록되어 있었기 때문이다. 어린이집과 유치원을 다닐 때는 그럭저럭 지나왔는데, 이제 초등학교에 입학을 시키려니 이름을 정리하지 않으면 영 불편하고 여러 복잡한 일이 생길 것만 같았다. 민정씨는 자기 성을 딴 '송동현', 즉 엄마의 성으로 바꿀까도 고민했지만, 결국 영진씨와의 상의 끝에 새아빠 성을 따라 '박동현'으로 아이의 성본변경을 법원에 청구하기로 했다.

그런데 이게 웬일인가. 이혼 후 양육비는커녕 연락 한번 안 해오던 친아빠 조경수씨가 아이의 성본변경 청구에 대하여 '부동의 의견서'를 냈다는 연락을 법원에서 받았다. 이거 뭐 어쩌자는 거지? 머리끝까지 화가 났다. 영진씨에게도 왠지 부끄러웠다. 동현이에게는 뭐라 해야 하지? 답답하고 고민이 깊어진다.

• 경수씨 이야기 •

경수씨는 법원에서 날아온 서류를 들고는 한동안 멍하니 있었다. 이게 무슨 말이지? 뭘 바꾼다고? 무슨 의견을 내라고? 숨을 몰아쉬고는 찬찬히 서류를 들여다보니, 내 아들 '조동현'을 계부의 성으로 바꿔서 '박동현'으로 바꾸려는데, 의견을 내라는 것이었다. 점점 화가 나기 시작했다.

따지고 보면 경수씨가 원해서 이혼한 것도 아니었다. 선으로 만났지만 경수씨는 민정씨가 바로 마음에 들었다. 빨리 사귀고 싶었고 그래서 적극적으로 대시하면서 생각지 않은 임신을 하게 되었다. 그 때문에 급하게 결혼을 하고서 보니, 경수씨로서는 알 수 없는 이유로 민정씨와 매일 부딪혔다. 민정씨를 이해할 수 없었지만 그래도 무조건 맞춰주려 했는데, 더구나 임신까지 한 산모니까 무조건 잘해주려고 했는데, 도리어 역효과만 났고 갈등과 골은 점차 깊어졌다. 민정씨가 동현이를 낳고 나서는 오히려 싸움이 더 격해지기까지 했다. "출산우울증이냐? 좀 진정해라!" 이 말을 듣고 난 민정씨는 더 폭발했다. "그걸 말이라고 하냐? 당신은 나한테 관심도 없고 나를 사랑하지도 않아!" 민정씨에게 그 말을 듣고 나서, 그 후에 민정씨와 이혼 얘기까지 오가고 나서는 경수씨도 더 이상 어떤 노력도 무의미하단 절망에 빠졌다. 그냥 원하는 대로 다 해주고 끝내자는 생각만 들었다.

그 후론 사실 경수씨는 무슨 일이 어떻게 흘러갔는지 잘 기억이 나질 않는다. 이혼하면서 민정씨에게서 들었던 매정한 말들 때문에 움츠러들었다. "이혼해! 다시는 안 만났으면 좋겠어! 우리 앞에 나타나지 마! 능력도 안 되는 주제에 괜히 아빠 행세 같은 거도 하려고 들지 마!" 민정씨의 가시 돋친 말들이 귀에서 돌다가 가슴에 와서 박혔다. 그냥 혼자 지내면서 민정씨 말대로 연락하지도 찾아가지도 않았다. 가끔 동현이가 생각났고 어떨 때는 갑자기 아이가 보고 싶어 돌아버릴 것만 같은 날도 있었다. 하지만 막상 연락하려고 하면 여러 가지 복잡한 생각이 들어서 참고 말게 되었다. 막상 만나면 뭔가 너무 복잡할 것 같은데, 그걸 넘어설 용기가 나질 않았다.

몇 해가 지나서 경수씨에게도 새로운 여자친구 채린씨가 생겼다. 재혼 얘기가 오가면서 잠깐씩은 '동현이를 데려올까?' 하는 생각이 스치기도 했다. 동현이가 많이 컸을 텐데 어떻게 지낼까 궁금하기도 했다. '언젠가 상황이 좋아지면, 언젠가 기회가 되면, 다시 볼 날이 있겠지. 혹시 데려올 수 있을지도 모르지' 이런 막연한 생각들만 간간이 떠다녔다.

그러던 어느 날, 동현이의 성본변경 청구가 되었다는 연락을 법원에서 받고서 경수씨는 이제 더 이상 그냥 이런 식으로는 못 있겠다는 생각이 치밀었다. 이혼할 때부터 쌓였던 왠지 모를 억울함이 터지는 듯했다. 그동안에는 하자는 대로, 하라는 대로 했지만 앞으로는 아니다! 엄연히 내가 아빠인데, 성은 당연히 못 바꿔주고, 오히려 동현이를 만나야겠다! 아빠의 권리라도 되찾아야겠다!

• 그러면 동현이의 이야기는? •

아니, 면접교섭 얘기를 하려는 줄 알았는데, 웬 '성본변경' 얘기냐구요?

핵심은 영유아기 면접교섭 얘기입니다만, 성본변경 얘기가 나온 것은 실제로 이런 경우가 흔하기 때문입니다. 면접교섭을 안 해서 관계가 단절되면 아예 성본변경까지 이어지기도 하지만, 면접교섭을 잘하고 관계가 좋은 경우에는 굳이 아이에게서 사이좋은 친아빠의 성과 본을 바꿀 필요가 없거든요. 영유아기 면접교섭을 말할 때 첫째도, 둘째도, 셋째도 강조되어야 하는 것이 '어떤 경우에도 면접교섭을 해야 한다!'는 면접교섭의 필요성과 당위이기 때문에, 그 배경이 되는 상황을 그려 보이다 보니 도입부가 생뚱맞아 보이고 생각보다 길어졌습니다.

민정씨와 경수씨의 이야기를 매우 특수한 경우라고 생각하실 수 있지만, 사실 보편적인 상황일 수 있습니다. 제가 상상으로 지어낸 이야기지만, 실은 가사 재판을 하면서 늘 비슷하게 당사자들에게서 반복해서 수도 없이 들었던, 특별할 것 없는 이야기니까요.

이 책에서는 영유아기를 아이가 태어나면서부터 넓게는 초등학교에 들어가기 전까지로 포괄해서 말씀드리고자 합니다(영유아기의 정확한 구분은 아동학자들에 의하여야 하겠지만, 이는 법원에서 수많은 면접교섭 사건의 적합한 방법을 안내하고 결정해온 판사로서의 전문가적 소견입니다). 물론 이 시기의 면접교섭은 그 안에서도 아이들의 발달 단계에 따라 크게 두세 단계로 나누어야지 전체를 두루뭉술하게 하나의 방법으로 할 수는 없습니다. 다만 우선은, 동현이처럼 태어난 지 1년도 안 되어서 부모가 이혼하는 경우가 있을 텐데, 이런 '어린 아기'도 원칙적으로 '반드시 면접교섭을 해야 한다!'는 것부터 강조하고자 합니다.

우리 동현이처럼 돌도 안 되어 부모가 이혼하는 경우뿐만 아니라, 아동학자들이 소위 '분리독립기'라고 칭하는 평균적으로 생후 36개월에서 48개월 정도의 시기가 되기 이전까지의 어린 아기들, 즉 아이가 애착이 형성된 주양육자와도 아무런 문제없이 잘 떨어져 숙박이 가능해지고 더 이상 낯도 안 가리게 되기 전까지의 단계를 영유아기 면접교섭의 첫 단계로 구분할 수 있습니다. 아직 주양육자와 충분히 잘 떨어질 수 있기 전 단계이기 때문입니다. 이 시기의 아이를 함부로 면접교섭이라는 미명하에 주양육자에게서 무리하게 떼어내거나 너무 오래 떼어놓으면 아이에게 문제가 생길 수 있습니다. 또한 이 시기의 아이는 하루의 생활 주기, 즉 아이가 하루에 여러 차례 자고 그 사이에 잠에서 깨면 먹고 놀다가 다시 잠이 드는 사이클이 성인과는 물론이고 좀 더 큰 아이들과도 확연히 차이가 나기 때문에 이를 특별히 고려한 면접교섭 계획을 짜야 합니다.

그런데 제가 "평균적으로 생후 36개월에서 48개월"이라고 언급한 부분은 좀 주의가 필요합니다. 아동학자에 따라서는 이 시기를 생후 30개월 정도부터 빨리 잡기도 하고, 실제로는 아이마다 개별 차가 큽니다. 그래서 중요한 것은 '평균적인 시기가 몇 개월인가'가 아니라, '내 아이가 현재 어떤 발달 단계에 있는가'입니다. 말씀드린 것처럼 아이가 주양육자와 애착이 잘 형성되고, 문제없이 잘 분리되어 낯을 안 가리고 숙박도 가능한 발달 수준에 이르렀는가를 중심으로 보아야 합니다.

이런 어린 아기와 어떻게 면접교섭을 하나 하고 막막해하는 분들이 많고, 또 아주 어린 아기를 두고 이혼하는 경우, 아이에게 이혼을 알리고 설명하는 것이나 면접교섭, 양육비, 그 밖에 많은 것들을 제대로 짚지 못하고 그냥 정신없이 이혼 과정을 치르는 경우를 많이 봅니다. 그러다 이혼이라는 과정이 마치 폭풍우처럼 엄마, 아빠의 삶을 쓸고 지나가버린 후 정신을 차리고 보면, 양육비 지급이든 면접교섭이든 제대로 하지 못한 채, 아이와 비둥거친의 관계는 이미 단절된 상태라는 것을 발견하게 됩니다. 다시 뭘 시작하려니 복잡하고 엄두가 안 나는 상황이 되는 것이죠.

이런 경우에도 저는 일단은 젊은 엄마들과 아빠들께, 힘들지만 아이를 위해서 '용기를 조금만 더 내서' 원칙적으로 '꼭 면접교섭을 해야 한다'는 것을 우선 확실히 짚고 이 얘기를 시작하자고 말씀드리고 싶습니다.

그렇지 않고 구체적으로 방법론으로 바로 들어가서 "이렇게 하고 저렇게 해야 합니다" 말씀드리면, 곧바로 "우리는 달라요! 우리는 특별해요! 우리는 그런 상황이 아니에요!"라고 말씀하시는 분들이 너무 많기 때문에, 면접교섭을 해야 한다는 말씀부터 드리는 겁니다. 앞서 보여드린 민정씨, 경수씨 같은 상황도 그것이 특별히 면접교섭을 못 할 상황이 절대 아니라는 것과 그럼에도 반드시 면접교섭을 해야 하고 또 할 수 있다는 것! 이 두 가지를 꼭 말씀드리고 싶습니다. 나아가 '당위'의 강조가 결코 어린 아기를 두고 이혼하는 분들의 특수한 어려움을 몰라서 쉽게 원칙을 선언만 하는 것이 아니라는 것도 꼭 말씀드리고자 합니다.

그러면 어떻게 우리 동현이의 면접교섭을 해야 했는지 구체적으로 살펴보고, 또 면접교섭을 하지 못한 채 친아빠 경수씨와 관계가 단절되었던 동현이의 이야기는 과연 어떻게 흘러가야 할는지, 다음 장에서 보기로 하겠습니다.

유엔 아동권리위원회,
〈일반논평 제7호: 유아기 아동의 권리 이행〉(2005)
5문단(발췌)

아동권리협약은 영아를 포함한 아동이 그들 자신의 권리에 있어서 인격체로서 존중받을 것을 요구한다. 유아는 그들 자신의 고유한 관심사와 이해관계, 견해를 가지고 있는 가족·공동체 및 사회의 적극적인 구성원으로서 인정되어야 한다. 자신의 권리의 행사를 위해 유아는 사회적인 놀이, 탐색, 학습을 위한 시간과 장소뿐만 아니라, 신체적인 양육, 정서적인 돌봄과 민감한 지도를 특별히 필요로 한다.

아이의 발달 수준과
생활 주기에 맞는 면접교섭

영유아기(하)

생후 1년도 안 된 동훈이가 있는 상태에서 이혼한 민정씨와 경수씨.

동훈이를 키우는 민정씨는 민정씨대로, 따로 살면서 동훈이에게 연락조차 못 했던 경수씨는 경수씨대로, 각자의 고민과 어려움을 안고 지내다 결국 동훈이가 초등학교에 입학할 무렵, 성본변경 청구 사건에서 다시 양육 분쟁으로 부딪히게 된 이야기.

앞 장에서 이 이야기를 배경으로, 과연 어린아이를 두고 이혼하는 부모님들은 어떻게 자녀의 면접교섭을 해야 하는지, 더 넓게는 이혼에도 불구하고 협력적 양육을 어떻게 해나갈 수 있을지에 관한 이야기를 시작했습니다.

무엇보다도 일단 '포기하지 말고', '용기를 내서', '꼭 면접교섭을 해야 한다'는 원칙을 잊지 말자고 강조했지요. 이어서 이번

장에서는 그러한 원칙을 구체적으로 어떻게 실현할 수 있을지 그 실질적인 방법에 관한 이야기를 해보기로 합니다.

여기서 '영유아기'라고 하면 넓은 의미로는 '미취학 아동', 즉 초등학교 입학 전까지를 말합니다. 이 시기 아이들은 다시 크게 두 단계로 구분할 수 있는데, 소위 첫 번째 분리독립기 이전과 그 이후, 즉 아이가 태어난 이후부터 주양육자와 잘 떨어질 수 있게 된 시기 전과 후로 나누어볼 수 있습니다.

평균적으로 생후 36개월에서 48개월이 되면 이 시기가 지난다고 하는데, 아이에 따라서 그보다 더 빠르기도 더 늦기도 합니다. 이 시기가 지났는지를 알 수 있는 징후는 엄마 등 주양육자가 안 보이면 "우왕~" 하고 울던 아이가 엄마와 떨어져도 울지 않고 잘 놀게 되었다든가, 아이가 더 이상 낯을 안 가리게 되었다든가, 엄마 등 주양육자가 옆에 없으면 울고 보채며 잠을 못 자던 아이가 엄마 없이도 떨어져 잘 잘 수 있게 되었다든가 하는 점들입니다.

대략 위 두 시기를 전후로 해서, 그 전에는 가능한 한 숙박면접을 하지 않는 것이 바람직하고, 그 이후부터는 숙박면접을 해도 무방할 뿐 아니라 오히려 비양육친과 더욱 충분한 시간을 보낼 수 있도록 숙박면접을 하는 것이 권장됩니다.

다시 말해, 그 이전에는 주로 주양육자와 안정된 애착을 형성하고 평안히 잘 크게 할 수 있도록 하는 것이 숙박형 면접교섭을 고집하는 것보다 중요합니다. 아이를 억지로 떼어서 비양육친과 자게 하는 것보다 아이가 평안한 시간 속에서 크게 하는 것이 중요하다는 것이죠. 하지만 후자의 시기에는 아이가 어느 정도 안정되고 주양육자와도 잘 떨어지니, 비양육친과도 숙박형 면접을 하면서 가급적 충분한 시간을 함께 보낼 수 있도록 하는 것이 바람직하다는 뜻입니다. 그렇게 아이의 경험과 세계를 확장해주는 것이 그 시기 아이의 발달 수준에서는 더 이롭다고 하는군요.

좀 더 세분화해서 살펴보지요. 우선, 아기가 태어나면 처음에는 몇 시간 간격으로 자다 깨다 반복하며, 깨어 있는 동안에 먹고 싸고 놀고 울고 그러다 잠이 드는 식으로 생활합니다. 그 간격과 주기가 점점 길어지면서 두세 시간 간격으로 하루에 몇 번이고 자던 아이가 오래 깨어 있게 되고 두세 번만 자게 됩니다. 나중에는 낮잠을 한 번 정도밖에 자지 않고 종일 놀게 되며 밤에도 깨지 않고 내쳐 자게 됩니다.

자, 이런 시기를 거치는 과정에서 비동거친은 아기를 언제, 어떻게 면접교섭을 해야 할까요.

하루를 기준으로 말씀드리면, 하루 중 아이 컨디션이 가장 좋은 깨어 있는 어느 시간대, 예컨대 오후에 낮잠을 자고 일어나 기분 좋게 활동을 할 수 있을 때, 딱! 그 타이밍에 비양육친이 들어가면 됩니다. 그때 아이에게 필요한 활동, 즉 기저귀 갈아주고, 우유를 먹이고, 놀아주고, 울면 달래고, 그러다 졸려서 칭얼대면 재워주는 활동을 하고는 빠져나옵니다. 아이를 '보는' 것이 아니라 '양육 활동'을 해야 하는 것이지요.

이렇게 하루에 서너 시간 면접교섭하는 것을 적어도 1주일에 1일 이상 하는 것이 좋습니다. 제가 실제로 겪은 이혼 부모 중에는 주중 2일(예, 화요일, 목요일 등)과 주말 1~2일을 한 경우가 있었습니다. 그러면 1주일에 총 3~4일이 되는 것이죠.

이 경우 갓난아이를 집 밖으로 돌릴 수는 없고 당연히 아빠가 아이 거주지에 방문해서 '양육 활동'인 면접교섭을 해야 하겠지요. 엄마는 아빠에게 자리를 비켜주거나 불편하지 않도록 필요한 배려를 해주어야 하겠고, 불필요한 싸움 등을 절대로 해서는 안 됩니다. 물론 필요한 경우 아이 돌보는 것을 엄마가 도와줘야 하는 것도 당연하고요.

위에 언급한 '엄마', '아빠'는 예시에 불과하고, 요즘에는 아빠가 주양육자, 엄마가 비양육친으로 면접교섭하는 경우도 많아서 위에 적은 '엄마', '아빠'가 뒤바뀌어야 하는 경우도 많습니다. 게다가 요즘에는 엄마, 아빠 어느 한쪽의 부모, 즉 아이의 조부모나 외조부모가 주양육을 하고 엄마, 아빠도 다 따로 사는 경우도 많지요. 그런 경우에는 엄마는 1, 3째 주 주말과 주중 월요일, 수요일에, 아빠는 2, 4째 주 주말과 주중 화요일, 목요일에 면접교섭을 하는 식으로 엄마, 아빠 각각의 면접교섭 스케줄을 짜드린 경우도 있습니다.

아기와의 면접교섭은 한마디로 요약하면, '짧게, 그러나 자주' 하는 것이 그 방법입니다. 앞서 말씀드린 아기의 생체 주기와 그에 따른 생활 주기 때문에 짧게 만날 수밖에 없으나, 어쨌든 자주 만남으로써 전체적으로 충분한 시간을 확보하는 방법을 취하는 도리밖에 없습니다.

그러다가 아기가 점점 잠을 덜 자며 깨어 있는 시간이 길어지면, 그에 맞춰서 비양육친의 면접교섭도 시간은 늘리고 횟수는 줄일 수 있게 됩니다. 주중에 하루나 이틀만 보고 주말에는 잠만 데리고 안 잘 뿐 아침부터 저녁까지 데리고 있어도 될 정도가 됩니다.

아기가 자라 앞서 말씀드린 소위 분리독립기가 지나간 후에는 숙박면접이 가능하게 되는데, 그러면 주말에 몰아서 1박 2일 정도 데리고 있으면 됩니다. 주중에는 전화통화나 영상통화를 하면 되고요.

아니, 이혼을 했는데 뭐 그렇게 애를 자주 보냐구요?

이렇게 묻는 분들을 이혼 부모교육 및 면접교섭 스케줄링을 하면서 정말 많이 접했습니다. 그러면 이렇게 되묻고 싶어집니다. "아니, 이혼을 애랑 합니까? 배우자랑 하지! 애 안 키우려고 이혼합니까? 당초 애를 안 키우려고 이혼을 할 수가 있는 겁니까?"

그리고 계속해서 이렇게 묻고 싶습니다. "부모가 양육 의무에서 벗어날 수 있는 겁니까? 어떤 채무자가 채무자의 의사로 임의로 채무에서 벗어날 수 있습니까?" 양육 의무를 파산·면책이라도 받을 방도 같은 것이 있느냐 하는 겁니다.

양육은 이혼과는 상관없이 부모가 자녀에게 지는 의무입니다. 인간의 아이는 출생 후 내버려두고 돌보지 않으면 죽습니다. 자녀는 원래 부와 모, 둘 다에게 키울 의무가 있는 것이고요. 이혼으로 어쩔 수 없이 한쪽 부모와만 주로 함께 살게 된 아기를 위해서, 다른 한쪽 부모는 양육비로 비용을 분담하고 면접교섭으로 양육 시간을 분담해야 하는 겁니다. 이혼을 하든 안 하든 양육 의무는 이행해야 하는 것이고, 아이 나이와 발달 수준에 맞게 스케줄을 짜서 아이를 만나 양육 활동을 해야 하는 것이지요. 이러한 양육 활동 내지 양육 시간에 이루어지는 일은 '부모 활동(parenting)'에 다름 아닙니다. 결국 면접교섭 시간이란 양육 시간이며 '부모 시간(parenting time)'인 것이죠.

자, 여기까지 따라오신 분들은 자연스럽게 면접교섭이란 결코 부모 위주로 하거나 부모의 편의대로 해도 되는 것이 아니라, '아이를 중심으로' 해야 한다는 것을 깨달으셨을 겁니다.

제가 구체적인 방법을 중심으로 말씀드렸지만, 달리 말하자면 결국 '아이를 위주로' 아이에게 필요한 양육과 돌봄과 사랑을 제공하는 것, 이것을 비양육친과 나누는 것이 바로 비양육친의 면접교섭이고, 이는 부모의 양육 시간 그 자체에 다름 아닙니다. 따라서 아이의 면접교섭은 '아이의 최선의 이익' 또는 우리 민법의 규정에 의하자면 '자녀의 복리'를 기준으로 그 구체적인 방법이 결정되어야 하는 것이고요.

그런데 대법원은 친권자 및 양육자가 아닌 부모는 미성년자의 제3자에 대한 불법행위에 관하여 친권자의 자녀에 대한 보호·교양의 권리의무를 규정한 민법 제913조가 적용될 수 없다는 이유를 들어, 자녀와 면접교섭을 하거나 자녀 양육에 관여할 가능성 등을 구체적으로 심리하여 실질적으로 자녀의 감독에 관여한 특별한 사정이 없는 한 감독의무 위반을 인정할 수 없다는 취지의 판시를 한 적이 있습니다.* 쉽게 말해 이 판시대로라면, 어떤 아이가 제3자에게 불법행위를 했고 부모도 그 감독책임을 져야 하는 경우에, 이혼해서 따로 살면서 아이와 면접교섭을 하지 않고 그 양육책임에 태만한 부모일수록 위 불법행위 감독책임에서 면한다는 결과가 됩니다.

이와 같이 불합리한 결과를 낳는 면뿐 아니라, 자녀에 대한 보호와 교양의 의무는 '친권자'가 아니라 '부모'가 갖는 의무라는 짐에서도 위 판시의 견해에 동의하기 어렵습니다.

즉, 헌법 제6조에 의하여 국내법과 같은 효력을 가지는 아동권

• 대법원 2022. 4. 14. 선고 2020다240021 판결.

리협약 제18조 제1항에는 '아동의 양육과 발달에 양쪽 부모 모두가 공동 책임을 진다는 원칙'이 명시되어 있습니다. 나아가 국가는 이러한 부모 공동 양육책임의 원칙이 인정받을 수 있도록 최선의 노력을 기울이라고 규정하고 있고요. 그리고 이 양육과 발달의 우선적인 책임에 관해서는 '아동의 최선의 이익'이 기본적으로 고려되어야 한다는 점 또한 명시되어 있습니다.

여기서의 '양육'과 '발달'은 당연히 '건강'하고 '온전'한 것을 말합니다. 그리고 양육에 전제되어야 할 '보호', 발달에서 나아간 '교육' 등도 모두 아동의 권리로서 당연히 포함됩니다. 그러하기에 부와 모, 쌍방은 모두 이혼을 했든 안 했든, 같이 살든 따로 살든, 친권자든 아니든 간에(친권자는 부모와는 다른 법 개념입니다), 자녀의 건강하고 온전한 성장과 발달을 위한 양육 및 교육, 보호와 감독 등을 위한 의무를 함께 져야 합니다. 의무가 있는데 이행하지 않고 있다고 벗어나게 해주면 안 되고, 의무가 있음에도 이행하지 않고 있는 것에는 책임을 지워야 합니다.

이혼한 비동거친이라도 비동거자녀에 대한 양육책임, 즉 양육 시간의 제공을 위한 면접교섭을 해야 하고 이를 위한 노력을 적극적으로 해야 하는 것이지, 이를 게을리한 부모의 책임을 오히려 가볍게 해주어서는 안 될 것입니다. 만약 면접교섭을 부모의 권리라는 측면에서만 보면 권리의 행사 여부야 권리자에게 달려 있으니 위와 같은 결과가 도출될 수도 있겠지만, 부모에게서 양육 시간을 제공받을 자녀의 권리라는 측면에서 접근해보면 그 의무자인 부모는 면접교섭을 적극적으로 해야 하고 이를 통해 자녀에 대한 보호, 교양, 감독의무도 성실히 다해야 하는 것이며 이를 태만히 하거나 방기한 데 따른 책임 역시 마땅히 져야 하는 것이지요.

제가 겪었던 또 다른 민정씨와 경수씨가 있습니다. 그분들은 어린 자녀를 사이에 두고 이혼하면서 처음에는 재판상 이혼 청구 사건으로 법원에 들어와서 각자의 입장에서 원하는 주장을 하며 다투었습니다. 하지만 이혼 부모교육 및 상담을 받으면서 이내 '자녀 중심' 시각으로 스스로를 바로잡고 사랑하는 자녀를 위해 이혼 후 양육 협력관계를 구축하기로 했습니다. 이혼 판결을 받기 전부터 면접교섭 연습과 훈련을 했고요. 투덕투덕 싸울 때도 있었지만 결국 면접교섭 훈련을 하면서 따로 사는 부모와 자녀 사이에 일정한 루틴을 만들어냈고, 결국 아래와 같이 융통성 있게 적용 및 실행 가능한 면접교섭 조항을 합의해냈습니다. 저는 비록 판사였지만 이 젊은 부부의 노력과 변화와 자녀 사랑에 감동하고 오히려 큰 배움을 얻었으며 그 부부가 참 존경스러웠습니다.

- 아이의 친권자 및 양육자는 엄마로 정하되, 아빠는 아이와 아래와 같이 면접교섭을 하고, 엄마는 이에 협조한다.

  가. 아이가 생후 36개월이 될 때까지 : 매주 2일 이상, 1일 4시간 이상

  나. 아이가 생후 36개월이 지나면 : 매주 1회 정기적인 요일을 정하여 1박 2일

  다. 아이가 유치원 등 교육기관에 다니게 된 이후 : 방학에 1주일 이상 추가

  라. 홀수해 : 아이의 생일과 설은 엄마, 추석과 크리스마스는 아빠, 짝수해 : 아이의 생일과 설은 아빠, 추석과 크리스마스는 엄마

  마. 구체적인 면접교섭 날짜와 방법 등은 원만히 협의해서 정하고, 위 면접교섭에 관한 사항은 아이의 복리, 당사자들의 생활 주기 기타 사정에 따라서 서로 원만히 협의하여 변경할 수 있다.

**유엔 아동권리위원회,
〈일반논평 제7호: 유아기 아동의 권리 이행〉(2005)
14문단(발췌 및 요약)**

유아에 대한 존중은 종종 간과되거나 연령과 미성숙을 이유로 부적절한 것으로 거부되어왔고, 유아들은 미발달, 심지어 이해, 의사소통 및 선택의 기본 능력이 부족한 것으로 간주되어 왔다. 그러나 유아는 환경에 상당히 민감하며 그들 삶의 사람, 장소, 일상(routines)을 그들 고유의 정체성에 대한 자각과 함께 급속히 이해한다. 그들은 말이나 문자 언어로 의사소통하기 훨씬 전부터 다양한 방식으로 감정, 생각, 희망을 선택하고 교류한다.

특별한 날들의
면접교섭

유치원기와 명절

추석이 다가올수록 민희씨는 이혼한 전남편 지혜 아빠와 부딪힐 생각에 머리가 지끈거립니다. 지혜 아빠 태준씨가 이번 추석에는 꼭 지혜를 보내달라고 벌써 몇 번이나 문자를 보내왔거든요. 민희씨는 그 문자를 볼 때마다 심장이 두근거리고 머리가 아팠지만, 아직 답장을 보내지 못했습니다. 뭐라고 해야 할지 모르겠기도 하고 무엇보다도 섣불리 답했다가 혹시 싸움으로 번질까 두려웠기 때문이었죠.

민희씨와 태준씨는 작년 연말쯤 이혼을 했습니다. 그때 지혜는 만 4세로 어린이집을 다니고 있었지요. 민희씨와 태준씨는 남들이 보면 대체 왜 이혼을 했는지 의아할 정도로 큰소리 한번 내지 않고 살던 부부였어요. 사실 둘 사이에서는 맞지 않는 부분이 결혼 전부터도 하나씩 하나씩 불거졌지만, 둘 다 성격상 갈등을 드러내거나 싸우게 되는 상황은 회피하는 스타일이다 보니 문제를 쌓아만 둘 뿐 풀지 못한 채 각자 속앓이를 하며 지내온 거였어요. 결국 결혼하고 지혜를 낳아 다섯 살이 되도록, 둘 사이의 근본적인 골이 깊어져 이혼에 이르게 되기까지 갈등만 키운 꼴이 되었지요. 어쨌든 민희씨와 태준씨는 이혼도 큰소리 한번 내지 않고 조용히 끝냈습니다.

지혜가 아직 엄마 손이 많이 필요한 어린 나이라는 데에 태준씨는 선뜻 동의하면서 민희씨가 지혜의 양육자 겸 친권 행사자가 되는 것을 수용했습니다. 또 아직 어린 지혜에게 아빠가 따로 살게 되는 이유를 어찌 설명해야 할지 막막했던 태준씨는 지혜가 클 때까지 이혼 사실은 말하지 말자고 제안했고, 민희씨도 그에 쉽게 동의를 했고요. 그리고 이혼으로 태준씨는 짐을 싸서 본가로 들어가고, 민희씨도 지혜와 함께 새로 살 곳으로 이사를 해야 했는데요. 그와 함께 지혜가 새해에 만 5세로 유치원 진학까지 해야 하는 상황 등에 관해, 민희씨와 태준씨는 둘 다 일치해서 '지혜가 적응이 필요하다'는 이유로 당분간은 서로 만나지 않고 지내기로 했습니다. 뭔가 그 상태를 안정시켜야 할 것 같은 생각에는 둘이 일치했던 거였죠. 이혼 후 곧 돌아온 설에는 민희씨가 친정에 지혜를 데리고 가서 지냈고, 그 후 몇 달이 그럭저럭 흘러가며 지혜가 유치원에도 적응하고 민희씨와 둘만의 생활에도 루틴이 생겼습니다.

그렇게 지혜는 어느 날 갑자기 엄마와 둘이서만 살게 되었고, 좋아하던 아빠와는 함께 살지 못한 채 아빠가 가끔, 아주 가끔 불쑥 만나러 오면 밖에서 잠깐 만나고 가버리는 사이가 되어버렸습니다.

그렇게 지내던 태준씨도 이제 슬슬 추석이 다가오자 민희씨에게 '이번 추석에는 지혜를 보내달라'고 문자로 요구하게 된 것이고, 민희씨로서는 갑자기 지혜를 보냈을 때 생길 일들에 대한 여러 걱정이 앞서서 본의 아니게 태준씨의 문자를 읽고도 답하지 않는 상황이 된 것입니다.

자, 이러한 민희씨와 태준씨의 상황, 그들의 마음과 고민을 우리는 충분히 이해할 수 있습니다. 우리 중에는 많은 민희씨와 태준씨가 있고, 이혼이라는 어려운 과제를 해결하는 과정에서 자녀 양육의 문제를 이 이상 잘해나가기 쉽지 않다는 것 또한 우리는 충분히 알고 있고요.

하지만 부모 이혼 당시 만 4세였다가 올해 만 5세가 된 지혜를 중심으로(child-centered approach) 생각해보면, 현재 지혜의 상황은 여러 가지로 문제가 있고 지혜에게 해롭거나 심각한 부정적 영향을 야기할 수도 있습니다.

우선, 아이가 아무리 어려도 아이는 자신을 둘러싸고 일어나는 일들, 자기 자신에 대한 거취나 결정에 대해 그 자신이 알 권리가 있습니다. 지혜가 만 4세가 아니라 설령 더 어린 만 2~3세라 하더라도 말을 들을 줄 알고 할 줄 아는 이상, 그 눈높이에 맞게 부모의 이혼 상황과 이후 자신의 거취 등의 상황에 관해 설명해줘야 합니다. 또한 그에 대한 자신의 마음과 감정을 표현할 수 있게 해주어야 합니다.

　말해준다고 어린애가 뭘 알겠느냐고요? 아닙니다. 다 알아듣습니다! 오히려 아이들은 부모들보다도 먼저, 그리고 이미 많은 것을 알고 있습니다.

　제가 가사 재판을 하면서 만난 5세 정도의 여자아이가 있었습니다. 부모들이 서로 키우겠다고 '양육'을 쟁점으로 다투고 있었기 때문에 판사로서 아이를 직접 한번 보겠다며 법원 면접교섭실에 데려오라고 했습니다. 그러자 그 부모들은 '우리 애는 우리 이혼 사실을 모른다. 알려줄 생각도 없다. 우리는 아이에게만큼은 상처를 주고 싶지 않다. 그래서 집에서는 일절 이혼의 '이' 자도 꺼내지 않고 아무렇지도 않게 지내고 있다. 절대 아이를 법원 같은 곳에 데려올 수 없다'며 반발했습니다.

　그 부모들을 겨우 달래서 이혼 얘기는 안 꺼내고 단지 양육자 평가만 해보겠다고 아이를 데려오게 해서, 법원 면접교섭실에서 아동 상담위원과 함께 그 아이를 만났습니다. 그 부모들이 그렇게 소중히 아이를 지키고 싶어 했던 만큼 아이가 밝게 잘 자라고 있어서 마음이 놓였습니다.

하지만 이야기가 깊어지자 그 아이가 제게 대뜸 이런 말을 하는 겁니다.

"우리 엄마 아빠는 인제, 이혼? 그거 하는 거예요? 그거 때문에 여기 온 거죠? 근데 제가 그거 알고 있다는 거 울 엄마 아빠는 모르니까, 제가 알고 있다는 거를 울 엄마 아빠한테는 비밀로 해주세요!"

그 이유를 묻는 제게 그 아이는 "내가 엄마 아빠 이혼한다는 거 알고 있다는 걸 알면 엄마 아빠가 속상할 거 같아서"라고 하더군요.

너무나 마음이 아팠습니다. 대체 누가 부모고 누가 자녀인지! 부모가 아이를 사랑하지만 그 방법이 옳지 않을 때, 부모가 자신을 사랑하는 것보다 더 부모를 사랑하는 아이는 미성숙한 부모 몫까지 그 여린 마음에 이중의 부담을 지게 된다는 것을 그때 알게 되었습니다.

유아기(학령전기) 아이들도 이렇게 부모의 갈등과 이혼에 대해서 이미 느끼고 눈치채는 것들이 많이 있습니다. 그래서 속으로는 이런저런 걱정들을 합니다. 엄마 아빠가 이혼하면 어떡하지? 이혼하고 나를 버리면 어떡하지? (비현실적이라도 이런 걱정을 많이 합니다.) 아빠가 (혹은 엄마가) 나를 안 보러 오면 어떡하지?

상상이 현실과 섞이고 아직 표현이나 감정의 조절이 어려운 연령이기 때문에, 그런 걱정이나 심리적 문제가 생겨도 겉으로 언어적으로 명료하게 표출되기 어렵고, 때론 신체화 증상(예를 들면, 이유 없이 배가 아프다거나 머리가 아프다거나)이 생기거나 퇴행(예를 들면, 갑자기 대소변을 못 가리게 되거나 아기처럼 떼를 쓰거나)을 보이기도 합니다.

그래서 오히려, 아무리 어리더라도 말을 들을 수 있고 조금이라도 할 줄 아는 유아라면(만 2세~만 7세), 부모가 적절히 아이 눈높이에 맞게 상황을 반복적으로 설명해줘야 합니다.

"엄마랑 아빠는 이혼이란 걸 해서 따로 살게 되지만 네 잘못이 아니고 너와는 상관없다."
"너와 엄마, 너와 아빠의 관계는 아무런 변화가 없을 것이다."

그리고 안심시켜줘야 합니다.

"너는 엄마(또는 아빠)랑 함께 살지만 아빠(또는 엄마)랑은 언제든 네가 원할 때 만나고 시간을 보낼 수 있어. 엄마, 아빠는 늘 너를 사랑할 것이고 너에 대한 사랑은 영원히 변치 않을 거야."

이와 같은 대화뿐 아니라 손을 잡고 안아주는 등 스킨십도 많이 해야 합니다.

그다음 두 번째로, 지혜와 아빠는 정기적인 면접교섭을 안정적으로 해야 했는데, 민희씨와 태준씨가 그렇게 하지 않은 것은 지혜의 건강한 신체적·정서적 발달에 좋지 않은 영향을 미칩니다.

우리 민법상 비양육친과 아이의 면접교섭은 비양육친의 권리일 뿐 아니라 아동 자신의 권리로서 아이가 잘 자라기 위해 꼭 필요하고 매우 중요한 것입니다. 국내법과 동일한 효력이 있는 유엔 아동권리협약 제9조와 제10조에도 아동은 부모와 떨어졌을 경우 정기적으로 양쪽 부모 모두와 접촉하며 만나고 관계를 유지해나갈 권리가 있다고 명시하고 있습니다.

만 4, 5세의 지혜 입장에서는 아빠를 보고 싶고 아빠와 함께 하고 싶은데, 언제, 어떻게 아빠와 만날 수 있을지 지혜가 알 수 없는 상황은 아이의 안정감을 해칩니다. 게다가 혹시 아빠가 자기를 만나러 영원히 안 올지도 모른다는 불안한 마음을 견뎌야 한다면 무척 해롭겠지요.

그래서 꼭 정기적으로 매주 1일 또는 1박 2일 등 시간표를 짜서 아빠 면접교섭을 하는 것, 즉 아빠의 양육 시간을 가지는 것이 필요합니다(예, ① 매주 토요일 하루 ② 매주 일요일 하루 ③ 1, 2, 3째 주 토요일 오전부터 일요일 오후까지 1박 2일 ④ 2, 4째 주 금요일 저녁부터 일요일 오후까지 2박 3일 등). '정기적'이라는 것을 족쇄나 규율처럼 생각하면 안 되고 아이에게 규칙적으로 안정적인 생활 리듬을 제공하는 것이라고 생각해야 합니다.

나아가 설이나 추석 같은 명절에도 꼭 면접교섭을 하는 것이 아이에게 좋습니다. 아이가 자라는 데에는 각 가정에서의 문화적, 종교적, 도덕적, 규범적인 배경 내지 맥락이 존재합니다. 명절 같은 때에 그러한 문화적 차이 등이 더 대비되어 보일 수 있고요. 부모가 서로 상대방을 볼 때, 특히 이혼한 입장에서는 옳고 그름의 잣대로 상대방의 다른 문화 등에 대해 비판적 입장에 서기 쉬우며, 그러하기에 서로 상대방의 문화를 아이에게서 배제하고 싶어질 수 있습니다. 하지만 아이 입장에서는 엄마 쪽도 경험하고 아빠 쪽도 경험하면서 자라다 보면 사춘기, 아니 초등학교 고학년 정도만 되어도 자기 나름의 가치관이나 기준, 비판적 관점이 생기고, 스스로 무엇이 좋고 나쁜지 충분히 알 수 있습니다. 그러니 아이가 서로의 문화를 경험하는 것에 대해 아이를 믿고 여유를 갖고 지켜보셔도 괜찮습니다. 아니, 더 좋습니다. 무엇보다도 여러 다른 문화적 차이에 대해서 이해하고 포용하는 마음과 생각의 그릇이 넓어질 수 있으니까요.

그리고 제가 가사 재판에서 접한 부모와 아이들이 정기적으로 면접교섭을 하는 경우, 특히 명절 등에 상대방을 존중하면서 면접교섭을 안정적으로 수행하는 경우를 보며 가장 큰 장점 내지 이점이라고 느낀 것이 있습니다. 바로 그 아이들의 자존감이 매우 높아지더라는 것이죠!

사실 그 부모가 서로 얼마나 다르고 그 갈등의 골이 얼마나 깊은지, 또 결국은 결코 함께할 수 없는 사이라는 것을 자녀들이 가장 잘 압니다. 그리고 그로 인해 엄마와 아빠가 서로 얼마나 상처를 입었는지, 얼마나 힘들고 아파했는지 옆에서 지켜보아온 그 자녀들이 다 알고 느끼고 있습니다. 그럼에도 그런 엄마와 아빠가 자녀인 자신들만큼은 사랑으로 함께 지키겠다고 협력적 관계를 구축하고자 최선의 노력을 다하는 것을 볼 때, 그러니까 정기적인 면접교섭을 약속하고 그 약속을 지키려고 애쓰는 것을 볼 때, 자녀는 그 부모를 더 사랑하고 존경할 수밖에 없게 될 것입니다. 자기 자신에 대해 '나는 이렇게까지 부모님이 애를 쓰며 사랑해주고 있는 정말 소중한 존재구나!'라는 느낌을 아주 깊은 곳에 차곡차곡 쌓아가게 되는 거지요. 제가 본 그 아이들은 부모의 이혼에도 불구하고 자존감이 높고 밝게 잘 자라고 있었어요. 그런 힘으로 슬펐던 시기를 잘 소화하며 철도 들어가는 훌륭한 아이들이었습니다.

그렇다면 명절에 하는 면접교섭은 구체적으로 어떤 방식이 좋을까요? 어떤 부모님들은 이혼 부모교육을 받고서는 의욕이 앞서서 모든 명절에 엄마 집과 아빠 집에 똑같이 가도록 시간표를 짜오기도 합니다. 사실 명절에 양쪽 집에 다 가는 것이 좋을 수도 있고 그것이 가능한 집도 있습니다만, 경우에 따라서는 아이들이 물리적·신체적으로 너무 피곤할 수 있습니다. 한편으로 이혼한 전아내, 전남편끼리 매번 명절 당일마다 마주치는 것이 사실 꽤 스트레스를 줄 수 있고요. 그러니 명절을 좀 편안하게 보낼 수 있도록 하는 것이 좋지, 너무 강박적으로까지 면접교섭을 진행할 필요는 없습니다. 여유 있고 유연하게 해도 됩니다.

제가 가사 재판 당사자들과 이혼 후 면접교섭(양육 시간) 계획을 짤 때 주로 권하는 방법은 설에는 이쪽으로, 추석에는 저쪽으로 한군데로 모는 것인데, 이를 홀수 해, 짝수 해로 나누어 설과 추석을 적절히 번갈아 배분하는 것입니다.

"이렇게까지 해야 하냐", "번거롭다" 하시는 부모님들이 계시는데, 그러면 저는 이렇게 말씀드립니다.

"이렇게 계획을 짜고 열심히 아이들을 위해 양육 시간을 나눠서 아이들과 함께 시간을 보내려고 애쓰시는 것은 당장 아이들이 자랄 때 자존감에 굉장히 좋은 영향을 끼치고요. 언제까지 이렇게 피곤하게 지내야 하나 싶지만, 사실 아이들이 커버리고 나면, 사춘기, 아니 초등학교 고학년 정도만 되어도 자기 주관이 생겨서 엄마 집이든 아빠 집이든 잘 안 따라나섭니다. 명절에도 친구 만나러 가거나 집에 혼자 있고 싶어 하지, 부모님이랑 같이 있고 싶지 않다고 양쪽 다 안 따라나서는 시기가 이제 곧 와요. 어차피 아이들 어릴 때 잠깐, 아주 잠깐만 이렇게 아이들을 사랑할 기회가 '반짝' 있을 뿐이랍니다. 이 기회를 놓치고 나면 아이들은 우리 곁에 영원히 없게 돼요."

> **유엔 아동권리위원회,**
> **〈일반논평 제7호: 유아기 아동의 권리 이행〉(2005)**
> **17문단(발췌 및 요약)**
>
> 유아기의 변화하는 역량(evolving capacity)에 대한 존중은 아동 권리의 실현에 결정적이고 중요한데, 이는 영아기부터 학교 교육의 시작기까지 아동의 신체적, 인지적, 사회적 및 정서적 기능이 급속히 변화하기 때문이다. 부모 등은 아동의 자율적인 의사 결정 능력과 최선의 이익에 대한 이해뿐 아니라 아동의 관심사와 소망을 고려하여 아동에 대한 지원, 지도의 수준을 조정할 책임이 있다. 아동의 변화하는 역량은 긍정적이고 가능하게 하는 과정으로 여겨져야 하며, 아동의 자율과 자기표현을 제한하거나 아동의 상대적인 미성숙과 사회화의 필요를 지적하여 전통적으로 정당화되어온 권위적 관행을 변명하는 것이어서는 안 된다.

아이도 부모의 이혼에 준비가 필요하다

초등학교 저학년(상)

3월은 입학과 새 학기 시작으로 학부모님들 마음이 분주한 시기입니다. 이번 장에서는 학령기 아동, 즉 초등학교에 다니기 시작한 아이들을 두고 이혼하는 부모들의 면접교섭에 대해 알아보겠습니다.

구체적으로는 초등학교를 다니기 시작해서 고학년이 되기 전까지, 즉 사춘기가 오기 전까지의 면접교섭을 살펴보기로 하죠. 이 시기를 구분해서 보는 이유는 이 시기 아이들의 발달 특징이 그 전후의 아이들과는 다르기 때문입니다. 그에 따라 부모의 이혼을 대하는 이 시기 아이들의 반응이나 특징도 달라지고요. 그러니 그에 맞추어 면접교섭의 방법이나 주의할 점도 달라져야 하겠지요.

"아니, 이혼했어도 내가 아빤데(혹은 엄만데), 내가 내 애 보겠다는데,

보고 싶을 때 보면 되고 그냥 자연스럽게 순리대로 하면 되지, 뭘 복잡하게 연령이니 발달이니 따집니까?"

설마, 아직도 이런 말씀 하시는 부모님들은 안 계시겠지요. 예전에 자녀를 독립된 인격체와 권리자로 보지 않고 단지 부모의 소유물처럼 여기던 시절에는 많이 했던 말들이죠. 저도 예전에 협의이혼이나 재판상 이혼에서 부모들이 협의해온 양육사항(친권자 및 양육자, 면접교섭, 양육비)을 심사할 때 많이 들었던 말들입니다.

그런데 이렇게 말하는 부모들이 '보고 싶을 때'는 '자녀가 부모를 보고 싶을 때'가 아니라 '내가 자녀를 보고 싶을 때'를 의미하는 경우가 많더라고요. '자연스럽게 순리대로'는 자녀 양육에 필요한가 하는 관점으로 자녀를 중심으로 볼 때 자연스럽고 순리에 맞는 방식을 말하는 것이 아니라 '내(부모) 편할 대로'의 의미인 경우가 많고요.

하지만 면접교섭이 부모의 권리이긴 해도 그에 우선하여 자녀를 위한 자녀의 권리라는 것을 잊어서는 안 됩니다. 부모의 권리라 해도 자녀의 복리에 부합하게 이루어져야 할 뿐 아니라(민법 제837조 제3항, 제837조의2 제3항), 면접교섭의 최우선적인 목적은 자녀가 부모와의 접촉 및 관계를 유지하고 부모로부터 양육받을 권리를 보장하기 위한 것이니까요(아동권리협약 제9조). 따라서 면접교섭은 '부모가 보고 싶을 때 부모 편할 대로' 하면 절대 안 되고 '아이를 중심으로' '아이에 맞게' 수행되어야 합니다.

'아이의 복리에 부합하는 면접교섭!' 이 말을 슬로건처럼 머릿속에 띄워놓고, 초등학교 저학년 아이들의 발달 특징부터 볼까요?

장 피아제의 인지발달이론에서는 '구체적 조작기'라고 해서 대략 7세부터 만 11세 정도까지의 발달 단계를 말하는데, 유아기의 자기중심성을 탈피해서 현실을 객관적으로 보게 되고 논리적 사고가 가능해진다고 합니다. 이 시기 아이들은 옳고 그름의 차이를 알고 상상과 사실을 구분하게 됩니다. 하지만 아직은 그 옳고 그름이 현실의 복잡성까지는 담지 못하는 흑백논리에 머물고, 사실을 상상과 분간해내더라도 가끔 비현실적 공상을 하기도 합니다.

그래서 초등학교 아이들은 부모가 이혼할 때 그것이 '사실'임을 압니다(취학 전 연령의 유아들은 부모의 이혼이라는 현실을 부정하기도 합니다). 그러나 한편 부모가 재결합하는 공상, 내지는 비현실적 기대나 희망을 가지기도 합니다(사춘기 아이들은 그런 비현실적 기대는 더 이상 하지 않아요). 그래서인지 제가 경험한 바로는 다른 시기보다도 이 연령대의 아이들에게서 부모의 이혼을 생각보다 꽤 슬퍼하는 모습을 발견하곤 합니다. 부모들은 내 아이가 슬퍼하는 모습을 보는 것이 힘들어서 이혼에 대해 제대로 알려주지 못하거나 거짓말을 하는 등 회피하는 모습을 보이기도 하고요.

그리고 부모 한쪽이 이혼에 '유책(사유)'이 있는 경우 초등학생 정도만 되어도 그 잘잘못을 압니다(유아기 아이들은 잘 알기 어려워요). 하지만 지나치게 흑백논리로 한쪽 부모를 비난하기도 합니다(사춘기 아이들은 유책 부모라도 왜 그런 결과에 이르게 되었는지 삶의 복잡성을 이해하기 시작합니다). 때로는 실제로 한쪽만 유책이 있는 경우가 아님에도 현실과 다르게 지나치게 흑백논리로 접근하면서 부모를 대하는 모습도 보입니다. 그러다 보니 한쪽 부모에는 충성 심리를 보이고 다른 쪽 부모에게는 비난이나 적대하는 등 '부모따돌림증후군(parental alienation syndrome)'이 유발되기 쉽습니다.

초등학생인 이혼 자녀들의 위와 같은 특징들을 종합적으로 고려하여(물론 이상의 특징은 '대체적'으로 그렇다는 것일 뿐 다른 경우도 있으며 각각의 개인차가 있습니다. 그러한 개인차에 따른 개별적 특성을 면밀히 살펴야 합니다), 그로 인해 발생 가능한 해로운 영향이나 결과를 예방하고 나아가 부모의 이혼이라는 변화에 잘 적응하도록 자녀를 도와야 할 필요가 있습니다.

자, 그러면 초등학생 자녀를 둔 부모가 이혼을 할 때 구체적으로 어떻게 자녀에 대한 조치를 해야 할까요?

우선, 이혼하기 전에 자녀에게도 미리 준비할 충분한 시간을 두고 제대로 이혼에 대해 말해주어야 합니다. 사실 이는 거의 전 연령의 아이들에게 공통된 것입니다! 가급적 부모가 함께 말해주어야 하고, 평온한 분위기에서 대화를 나누어야 하며, 반드시 자녀의 마음을 토로할 기회도 보장해 줄 필요가 있습니다.

부모의 이혼에 대해 무엇을 말해주어야 할까요. 전문가들이 권하는 내용들을 요약해보면 ① 앞으로 엄마·아빠는 이혼해서 따로 살게 된다는 것 ② 그것은 엄마·아빠의 결정일 뿐 절대로 너의 잘못은 아니라는 것 ③ 이혼하더라도 엄마·아빠는 변함없이 너를 사랑하고 돌봐줄 거라는 것을 분명히 말해주어야 한다고 합니다.

당연한 것인데 굳이 꼭 말로 해야 하냐고 묻는 부모님들이 계시는데요.

네, 꼭 말로! 명시적으로! 해줄 필요가 있습니다. 특히, 위 ②는 아이의 죄책감에 관한 것인데요. 어느 연령대에서든 흔히 보이는 이혼 자녀들의 죄책감, 즉 '엄마·아빠의 이혼이 나 때문인 것 같아'라는 생각은 아이를 굉장히 위축시키고 아이의 자존감을 떨어뜨립니다. 아이들은 왜 부모의 이혼에 대해 자신이 죄책감을 가질까요. 아셔야 할 것은, 그리고 다행인 것은 이혼에 대한 대처를 제대로 하지 못한 부모의 자녀들만이 이런 감정을 느끼는 것이 아니라는 겁니다. 사실 아이들은 부모의 이혼뿐만 아니라 자기를 둘러싸고 벌어지는 다양한 안 좋은 일들에 대해 전부 쉽게 '나 때문인 것 같아'라는 생각을 가진다고 합니다. 아동기에는 그렇다는 것이지요. 사고가 나도 질병에 걸려도 그 밖에 정말 아이와 아무런 상관이 없는 어떤 일에 대해서도 쉽게 그런 감정을 느낀다고 합니다. 그러니 "너의 잘못이 아니다"라고 '굳이' '명료하게' 말해줌으로써 자녀가 부적절한 정서적 부담에서 놓여나도록 부모가 도와줄 필요가 있는 것이지요.

위 세 가지 내용을 제대로 말해주지 않을 때, 자녀는 부모의 이혼이라는 현실에 적응하지 못하거나 어려움을 겪을 수 있는 반면, 위 세 가지를 아이에게 확실히 말해주면, 초등학생 아이들이 안정감을 가지고 부모의 이혼이라는 현실을 수용하면서 잘 적응하는 데에 큰 도움이 됩니다.

그리고 중요한 것은 "다만 엄마·아빠가 앞으로 따로 살아야 하니, 너는 엄마(또는 아빠)와 살면서 학교를 다니겠지만, 아빠(또는 엄마)와도 언제든지 연락할 수 있고 정기적이고 충분한 시간을 아빠(또는 엄마)와도 보낼 수 있다"고 약속해주어야 한다는 겁니다. "엄마·아빠 이혼과 상관없이 너는 엄마도 아빠도 맘껏 사랑하고, 둘 중 어느 한쪽 편이 될 필요가 전혀 없다"고 '꼭' 말해주어야 합니다.

나아가 설령 부모 중 한쪽이 이혼에 유책이 있더라도 그것을 부부 사이의 문제로 국한해야지, 이를 자녀에게까지 확장해서 아이가 어느 한쪽 부모의 편이 되어 다른 부모를 비난하게 되는 상태를 방치하면 결국 자녀의 자존감만 낮아질 뿐입니다.

즉 부부 사이에 일방 또는 서로를 향해 쏘아대는 혼인파탄의 귀책 평가와 비난이 그 자녀인 아이들에게까지 내려와서, 유년기의 자녀로 하여금 한쪽이든 양쪽이든 간에 부모에 대해 '잘못했다', '나쁘다'는 평가와 함께 비난과 실망과 적대의 마음을 갖게 하는 것은, 어린 자녀의 마음에 큰 상처를 입히고 고통을 주며 결국 아이의 자존감만 손상시키는 경우가 많습니다. 그 평가와 비난이 설령 진실이고 맞는 판단이라 하더라도 말이지요.

부부간에 갈등을 해소하지 못하거나 어떤 잘못을 저질러 이혼에 이르게 된 경우더라도, 부모로서 자녀만큼은 부부간 갈등이나 책임 공방에 노출되지 않도록 해야 합니다. 자녀를 이렇게 보호하려고 애쓰면서 이혼 후 양육 협력관계를 구축하려고 부모 쌍방이 함께 노력하는 모습을 보일 때, 자녀는 자신을 소중한 존재라고 느끼며 자존감이 단단해질 수 있습니다. 부모의 이혼이라는 상황을 이해하고 수용하며 인간과 삶을 이해하는 폭도 넓어지고요.

유책 배우자에게 화가 나더라도 부모로서 자녀를 보호하고 잘 돌보기 위해서는 자녀도 함께 유책 부모 쪽을 원망하거나 미워하며 관계가 단절되도록 유발 또는 방치하지 말아야 합니다. 오히려 자녀에게 '그건 엄마·아빠 사이의 문제일 뿐이다'라고 선을 그어주어야 합니다. 이로써 자녀의 그 부모에 대한 애정을 지켜주는 것이 아이의 건강한 성장과 발달을 위해 꼭 필요합니다.

아이가 부모를 계속 사랑할 수 있고 부모에 대해 이해하고 존경하는 마음을 유지할 수 있을 때, 가족이 분리되는 이혼이라는 현실에 대해서 적응유연성을 가지고 잘 커나가는 것을 많이 봅니다. 부모로부터 사랑받고 부모를 계속 사랑할 수 있는 힘은 자녀가 이 험한 세상에서 독립적으로 삶을 영위할 수 있는 능력을 키워가는 데에 중요한 자원이 되어주니까요.

그리고 마지막으로, 이혼에 관한 위와 같은 이야기들을 자녀에게 해줄 때, 자녀가 슬프거나 힘든 마음을 충분히 표현할 수 있도록 해야 합니다. 자녀가 고통을 표현하는 것을 마주하는 데에는 부모에게 큰 용기와 마음의 힘이 필요하다는 것을 압니다. 그러나 부모가 자녀를 사랑하는 마음으로 용기를 가지고, 자녀가 부정적 감정을 표출하는 상황을 함께 견디며 그에 공감해줄 때, 자녀 역시 이후의 삶과 생활에 잘 적응해나갈 힘을 갖게 됩니다.

이상과 같은 자녀와의 대화를 전제로, 이제 구체적으로 초등학생 자녀의 생활 주기와 생활 양식에 맞게 비양육친의 면접교섭 시간표 및 계획을 잘 짜야 하는데요. 물론 양육친 및 자녀와 비양육친이 함께 세워야죠. 이러한 면접교섭 시간표는 앞서 말씀드린 바와 같이 일종의 '부와 모의 양육 시간표'라 할 수 있습니다. "면접교섭은 페어런팅 타임(parenting time), 곧 부모 시간 내지 양육 시간이다!"라고 말할 수 있는 거죠.

자, 그럼 구체적인 초등학생 면접교섭 시간표 및 계획 짜기에 대해서 다음 장에서 살펴보기로 하겠습니다.

> **유엔 아동권리위원회,**
> **〈일반논평 제12호: 아동의 목소리가 들려질 권리*〉(2009)**
> **25문단**
>
> 아동의 목소리가 들려질 권리를 실현하기 위해서 아동은 그 의사를 청취할 책임자와 부모 또는 후견인으로부터 당면한 문제가 무엇이고 어떤 선택을 할 수 있는지, 어떤 결정이 가능하고 그에 따른 결과가 어떠할지에 대한 정보를 제공받아야 한다. 아동은 어떤 조건하에서 그의 의견을 표현하게 되는지에 관한 정보도 제공받아야 한다. 아동의 이러한 알 권리는 아동이 명확한 결정을 할 수 있는 전제조건이기에 필수적이다.

- '아동의 목소리가 들려질 권리'는 아동권리협약 제12조에 규정된 아동의 권리를 말하는데, 종래 아동의 의견표명권 또는 의견청취권, 피청취권 등의 용어로 논의되었던 것이다. 그런데 아동권리협약 제12조를 위와 같이 칭할 경우, 의견을 가진 아동만 또는 그것을 표현할 수 있는 아동만이 가지는 권리로 오해될 수 있다.
 그러나 이는 태어나서부터 모든 아동이 가지는 권리이고, 아직 어리거나 혹은 장애가 있거나 범죄 피해를 당하는 등의 이유로 말을 못 하거나 혹은 아예 어떠한 표현 자체를 못 한다 하더라도 그 마음을 들어주어야 하는, 또는 그 마음속 목소리가 늘려지도록 해주어야 하는 권리이다. 아동권리협약 제12조 제2항 원문에 정확히 나타나듯이 '(그 목소리가) 들려질(to be heard) 권리'로서 아동이 그 견해를 표명하는 경우는 물론이고 언어적/비언어적, 표현/비표현을 넘어서서 그 마음이 들려지게 해야 할 아동의 권리로 취급되어야 한다. 이에 필자는 아동권리협약 제12조에 따른 아동의 권리로서 위와 같은 의미를 다 담아낼 수 있는 명칭을 고민한 끝에 이를 '아동의 목소리가 들려질 권리'로 칭하였다.

아이의 마음을
건강하게 지키는 이혼

초등학교 저학년(하)

"먼저, 조은주씨는 송기현씨와 진정으로 이혼할 의사가 있으신가요?"

"네."

"그럼, 송기현씨는 조은주씨와 진정으로 이혼할 의사가 있으신가요?"

"네."

"이제 두 분의 이혼의사를 확인하였으니, 다음으로 미성년자녀의 양육사항 협의가 자녀의 복리에 부합하는지 살펴보겠습니다. 두 분 사이의 자녀로 초등학교 3학년 딸이 하나 있으신데, 협의서를 보니, 이혼 후에 엄마 쪽에서 키우시고 친권도 엄마 쪽에서 대표로 단독 행사하는 것으로 협의해서 양육자 및 친권자를 모 조은주씨로 정하셨네요?"

양육사항, 즉 친권자 및 양육자, 양육비, 면접교섭에 관한 심리로 넘어가니, 은주씨가 의자에 기대었던 등을 떼고 몸을 앞으로 당겨서 대답했습니다.

"네, 아직은 엄마 손이 많이 필요한 어린 나이고 또 딸이다 보니 제가 키우는 것이 나을 것 같아서요."

"그러면 비양육친인 아빠 쪽에서는 양육비를 충분히 주시고 면접교섭도 제대로 하셔야 하는데요. 협의서에 보니 양육비를 매달 말일에 150만 원씩 주시겠다고 쓰셨어요. 금액이 적지 않은데 실제로 꼬박꼬박 지급하실 수 있는 금액으로 잘 정하신 건가요?"

이번에도 은주씨가 계속해서 답했습니다. "그럼요. 이 사람이 사업을 해서 돈은 잘 법니다. 아이 학원비도 점점 많이 드는데 그 정도는 주기로 했어요."

"네, 이 양육비에 관한 약속은 양육비부담조서로 작성이 되고 강제집행력도 있으니까 신중히 잘 정하셔야지, 실제 지급 의사나 능력과 큰 차이가 나면 이후 분쟁의 씨앗이 될 수도 있어요. 무엇보다도 사랑하는 아이를 위해 지급하기로 하신 거니까 꼭! 지금 약속을 지키셔야 합니다!"

그리고서 면접교섭 약속에 대해서도 물었습니다. "그런데 면접교섭에 관해서는 구체적인 협의는 안 하시고 '자유롭게'라고 쓰셨는데요. 현재 아빠와 아이가 '자유롭게' 만날 수 있는 관계인가요?"

계속해서 은주씨만 대답했습니다. "물론이죠. 우리는 이혼해도 아빠랑 딸 사이는 좋은 편이에요. 바빠서 시간을 미리 정할 수는 없지만 언제든 자유롭게 만날 수 있어요."

"아빠가 딸과 사이가 좋으시군요. 다행입니다. 그러면 아빠가 따님을 마지막 만난 게 언제이신가요?"

그제야 기현씨가 눈을 끔벅끔벅하면서 입을 뗐습니다. "저희가 별거한 지 좀 되거든요. 그래서 아이를 자주는 못 보고요. 지난달인가? 한 번 봤습니다."

"그러시군요. 딸이 연락을 했나요? 어디서 뭘 하면서 보셨나요?"

"아, 제가 전화를 했죠. 보고 싶으니까 주말에 한번 보자고 해서 만나가지고요. 맛있는 거도 사주고 용돈도 주고 그랬습니다." 좋은 아빠라는 칭찬이라도 기대하듯이 빠르게 말했습니다.

"'아빠가' '자유롭게' 딸을 만나셨군요. 그러면 딸이 아빠를 보고 싶을 때, 또는 학교 숙제 등으로 아빠가 필요할 때, 그리고 하고 싶은 얘기가 있고 아빠를 만나기 원할 때는 어떻게 아빠한테 연락하나요? 그에 관한 구체적인 약속은 하셨나요?"

"글쎄요. 우리 애가 연락한 적은 없어요. 애기 때부터 별로 아빠 보고 싶단 얘기도 안 했고요."

좀 씁쓸한 얼굴로 대답하는 기현씨 옆에서 은주씨가 갑자기 끼어들며 쏘아붙였습니다.

"보고 싶단 얘길 왜 안 해요? 애기가 아빠 보고 싶다고 언제 오냐고 맨날 그래도, 바쁘다고 맨날 늦게 들어오고. 그러다 애도 어느 날부터는 아빠 안 찾게 된 거죠. 솔직히, 판사님이 물어보시니까 하는 얘긴데, 이 사람하고 별거한 지 1년 좀 넘는 기간 동안 이 사람이 애를 만난 게 손가락에 꼽아요. 그것도 자기가 보고 싶을 때 불쑥 전화해서 일방적으로 시간 정하고! 오밤중에 술 먹고 전화할 때도 있어요. 자는 애 깨우라면서 고래고래 소리 지르고! 솔직히 애도 아빠 만나는 거 불편해해요. 그리고 아직 애가 어려서 제가 데려다줘야 하는데 저는 뭐 놀고 있나요?"

그러자 기현씨도 화를 내며 말을 쏟아냈습니다.

"판사님, 그럼 나도 솔직히 말하겠습니다. 내가 연락을 왜 안 하는지 아세요? 애 만나려고 연락하면 이 여자 잔소리가 아주 너무 심해요. 이래라저래라, 또 '저건 하지 마라', '뭐뭐 하면 가만 안 둔다'. 아이구, 그뿐인 줄 아세요? 애한테까지 시켜서 자기 할 말을 애를 통해 해요. 그러면 솔직히 애도 지 엄마 편인가 싶어서 섭섭한 맘 들기도 하고. 그래서 일부러 안 싸우려고 거리를 두는 겁니다. 솔직히 지금 내가 엄청 참고 양보하고 있는 겁니다!"

이는 협의이혼의사확인기일뿐만 아니라, 재판상 이혼 사건의 양육사항 협의 또는 그에 대한 심리가 이루어지는 기일에서 흔하게 볼 수 있는 대화입니다. 이혼하는 부부가 미성년자녀가 있는 경우에는 없는 경우보다 스트레스도 더 받고 해결해야 하는 숙제도 더 많아서 어렵습니다. 하지만 그렇더라도 우리의 사랑하는 자녀를 잘 보호하면서 이혼이라는 과정을 안전하고 건강하게 지나가기 위해서 좀 더 힘을 내보아야 하겠지요.

저는 위 사례의 부모님께는 이렇게 말씀을 드렸습니다.

"두 분은 부부로서는 갈라서기로 하셨지만, 부모로서는 각각 아빠, 엄마로 나름의 애를 많이 쓰고 계시고, 기본적으로 자녀를 사랑하는 마음이 두 분 모두 커 보이세요. 그러니 방법만 잘 알게 된다면 아이를 위해 바람직한 면접교섭을 아주 잘하실 수 있는 분들이라 믿어집니다. 제가 알려드리는 방법대로 다시 잘 협의해서 면접교섭 계획을 짜오시겠어요?"

자, 초등학교 저학년 시기 아동의 면접교섭은 어떻게 하면 좋을까요.

우선 초등학교 저학년생의 보편적인 생활상을 고려해볼 필요가 있습니다. 우리나라는 의무교육을 시행하고 있으니 대부분 학교에 다닐 테고, 아직은 어려서 숙제나 학교 준비물 등 부모가 잘 챙겨주어야 학교생활이 유지되는 상황 말이지요.

따라서 양육자(주양육자 또는 동거친)는 이러한 아이의 생활을 안정적으로 잘 돌봐줄 수 있는 쪽 부모가 되는 것이 좋을 것입니다. 비양육친(부양육자 또는 비동거친)도 마찬가지로 아이의 규칙적인 학교생활 사이클 등 생활 주기 안으로 정기적으로 들어갔다 나오는 방식의 '규칙적'이고 '안정적'인 면접교섭을 하는 것이 아이를 위해 필요합니다. 물론 아직은 나이가 어려 엄마든 아빠든 부모가 함께 있는 시간이 자주, 충분히 확보되어야 한다는 것을 전제로 해서요.

그리고 학교생활 중에 아이는 엄마의 도움과 아빠의 도움이 모두 필요하므로, 양육친이 엄마가 되었든 아빠가 되었든 아이는 비양육친과도 평상시에도 쉽게 연락 및 만남이 가능해야 합니다. 또한 혼자 전화를 하거나 혼자 어디를 가는 것, 특히 혼자 대중교통을 이용하는 것 등은 아직 어렵거나 위험하여 보호자가 반드시 필요한 연령이기 때문에, 면접교섭을 수행할 때 비양육친과 아이끼리 알아서 만나라고 내버려두면 안 됩니다.

가끔 만날 장소를 카페 등 집 밖으로 정하고 아이더러 알아서 만나라고 내보내는 경우 또는 아이에게만 나오라고 연락하는 경우가 있는데요. 이런 형태는 사춘기 이후 다 큰 아이들에게나 적합하고, 아직 초등학교 저학년 수준의 어린아이들에게는 맞지 않을뿐더러, 심한 경우 일종의 방임으로까지 평가할 수 있습니다.

아이 입장에서는 존중받지 못하는 느낌, 엄마 아빠가 소중하게 대해주지 않는 느낌을 받을 수 있어서 자존감에도 좋지 않은 영향을 끼치고요. 초등학교 저학년 연령의 아이들에게는 아직은 양육친이 반드시 아이와 비양육친간의 만남에 대해 직접적으로 조력해주어야 할 부분이 많습니다.

이상의 원칙에 기반하여, 예를 들자면 아래와 같은 면접교섭 약속을 할 수 있습니다.

> 1. 자녀의 친권자 및 양육자를 모로 하되, 부는 자녀와 아래와 같이 면접교섭을 하고, 모는 이에 적극 조력하여야 한다.
>
>   가. 부와 자녀는 1, 2, 3째 주 토요일 10시부터 그다음 날 일요일 오후 3시까지 부의 집, 그 밖에 부가 책임지는 장소에서 함께 지낸다.
>
>   나. 부는 면접교섭을 위하여 모의 집에 방문하여 자녀를 데려가고 다시 자녀를 모의 집에 데려다주어야 한다. 다만, 모가 데려다주고 데려오는 방식으로 필요에 따라 변경할 수 있되, 미리 부와 모의 사전 협의를 거쳐야 한다.
>
>   다. 그 외에도 자녀가 원하는 경우 언제든지 부와 전화, SNS 기타 방법으로 연락하거나 만날 수 있고 이에 모는 협조하여야 한다.
>
>   라. 명절에는 설과 추석을 번갈아, 생일과 크리스마스는 한 해씩 번갈아, 그 밖의 기념일 등에 관하여는 서로 협의하여 부와 자녀가 함께 지낸다.
>
>   마. 그 밖의 경우 및 사정변경 시에, 그리고 자녀가 성장·발달함에 따라 부와 모는 자녀의 복리를 기준으로 원만히 협의하여 면접교섭 방법을 변경하여 실시할 수 있다.

예리하신 분들은 위 조항들에서 제가 각 행위나 의무에 관해 주어를 누구로 썼는지를 유의해서 보셨으리라 믿습니다. 예전에는 면접교섭 조항의 주어가 그냥 부모, 즉 원고와 피고였습니다. 하지만 저는 면접교섭 조항을 작성할 때도 주된 권리자는 자녀이고, 비동거친은 만날 의무자 입장을 중심으로, 동거친은 자녀와 비동거친의 만남을 도울 의무자 입장을 중심으로 하여 문장을 구성하고 있습니다. '부가 자녀를 만날 수 있다'라는 문장과 '부와 자녀는 서로 만나서 함께 지낸다'라는 문장 간의 차이를 아실 수 있겠지요.

이와 같이 이혼한 부모는 협력적 양육 관계를 구축해야 하는 과제를 안고 있는데요, 실제 면접교섭 과정에서 주의하고 조심하며 배려해야 할 것을 알아두면 큰 도움이 됩니다. 면접교섭을 하게 되면 이혼하고도 전남편 또는 전아내와 자꾸 부딪치는 상황에 놓이게 되는데, 이를 굉장히 힘들어하고 스트레스도 많이 받곤 합니다. 당연하고 자연스러운 일이니, 아이 면접교섭 때문에 스트레스를 받는 자신이 혹시 아이를 덜 사랑하나, 하고 자책하실 필요가 전혀 없습니다. 다만, 이를 알고 미리 대비하여 상호 스트레스를 덜 받으면서 평온하고 안정적인 면접교섭을 지속하기 위해 필요한 최소한의 약속들을 하고, 그것을 지키면 좋은 것이지요. 그 주요한 내용은 아래와 같습니다.

- 상호 상대방의 양육 방식을 존중하고 비난·무시·잔소리하지 않기.
- 상호 상대방에 대한 비난이나 험담을 자녀에게 하지 않기.
- 상호 상대방에 대한 요구사항을 자녀를 통해 전달하지 않기.
- 나의 면접교섭 약속을 잘 지키기(양육친은 아이 일정을 핑계로 면접교섭 약속을 함부로 바꾸지 말고, 비양육친은 바쁘다는 핑계로 면접교섭 약속을 깨거나 다른 사람에게 대신 맡기지 않기).

특히 이 시기의 아이들은 옳고 그름을 분별하고 도덕적으로 선악을 가르기 시작하는 나이에 들어서 있지만 아직은 그것이 흑백논리에 머물러 현실의 복잡성까지 담지는 못합니다. 따라서 부모가 이혼하면서 싸울 때 서로 상대방을 강하게 비난하면, 아이 역시 '누가 나쁜가' 게임에서 빠져나올 수 없게 됩니다. 그리고 결국은 어느 한편에 서서 그 부모와 함께 다른 편 부모를 비난하는 심리 상태가 되기 쉽습니다. 그래서 위 약속들은 한마디로 '서로(또한 아이 앞에서) 상대방을 비난하지 말고 존중하기'라 할 수 있습니다.

쉽게 말해, 사춘기나 성인에 가깝게 자라버린 아이들은 선악을 구분해서 보더라도 흑백논리보다는 좀 더 복잡한 현실을 반영한 종합적 이해와 비판적 사고를 할 수 있기 때문에, 부모 중 한쪽만 맹 목적으로 신뢰 또는 사랑하거나 '좋은 사람'이라고 생각하지는 않습니다. 대체로 부와 모 양쪽 다 적당히 좋고 적당히 나쁘다고 생각할 수 있게 됩니다. 하지만 사춘기에 들어서기 전의 초등학교 학령 아동들은 그보다 좀 더 이분법적인 선악 관념, 예컨대 '엄마는 좋고 아빠는 나쁘다'와 같은 사고로 빠지기 쉽다는 것입니다.

나아가 많은 경우 아이에게 '좋은 사람'은 양육자 쪽이 될 수 있습니다. 이때 아이는 양육자 쪽에 소위 충성 심리를 보일 수 있고, 만일 이러한 아이를 양육자가 이용하여 이혼 소송이나 양육 분쟁에서 우위에 서려고 하는 순간, 아이는 이른바 부모따돌림증후군 내지 부모소외증후군(parental alienation syndrome)에 빠지기 쉽습니다. 양육자가 비양육친을 비난하고 헐뜯으면 설령 나쁜 의도가 없었더라도 이 시기 아이들에게는 쉽게 그리고 충분히 '세뇌'로 작동할 수 있는 것이고요. 세뇌한 사람이 없는데 세뇌된 아이가 생겨날 수 있다는 것만큼 큰 비극은 없을 것입니다.

"난 엄마가 (또는 아빠가) 싫어요. 절대로 만나기 싫어요"라고 말하는 아이. 아이의 마음속에 대체 누가 언제 어떻게 넣었는지 모를 그 밑도 끝도 없는 한쪽 부모에 대한 미움, 도덕적 비난감('나쁜 사람'이라는 생각), 그에 따른 증오, 나아가 적개심이 생깁니다. 이렇게 한쪽 부모에 대한 부정적 감정의 씨앗이 자라나 자리를 잡으면 그것은 결국 그 아이에게 해악이 됩니다. 결국 그 아이가 다른 사람이 아닌 바로 자기 자신과 평생에 걸쳐 싸우고 씨름해야 하는 숙제, 너무나 괴롭고 아프고 어려운 숙제가 되는 것이지요. 그러한 종류의 부정적 감정들은 아이 자신의 정체성과 자존감을 깊이 할퀸 상처로 고착되어 마음속에 새겨져버리니까요.

자신의 뿌리 중 하나인 한쪽 부모에 대해 부모따돌림증후군을 유발하는 것은 "아이의 영혼을 훔치는 행위"라고 할 정도로 그 해악이 심각합니다.* 그래서 정말 아이를 사랑한다면, 아이 있는 부모가 이혼 준비를 위해 가장 에너지를 집중해야 할 부분은 바로 이혼 후에 전남편, 전아내와 평온한 양육 협력관계를 맺을 수 있도록 관계를 잘 정돈하거나 조정(adjustment)하여 건강한 이혼을 하는 것일 겁니다.

아이를 위한 좋은 이혼! 아이를 사랑하는 부모라면 무엇보다도 이를 위한 모든 노력을 다하지 않을 수 없습니다. 다만, 노력해도 좋은 결과가 나오지 않고 상대방과 관계가 계속 나쁘면 어떡하냐고 걱정하시는 부모님들에게는 이 말씀을 덧붙이고 싶습니다. 그 노력이 설령 좋은 결과까지 이어지지 못하게 되더라도 자녀에게는 그 결과 자체가 중요하지 않을 수도 있어요. 그보다는 노력하는 과정이 중요하지요. 부모의 미숙함과 실수가 보이더라도 자녀를 위해 노력하는 양쪽 부모님의 모습에서 사랑을 느끼고

• 리처드 A. 워샥, 《이혼, 부, 모, 아이들: 당당한 관계를 위한 심리학》, 황임란 옮김, 아침이슬, 2005.

부모를 신뢰하게 되면 자녀는 안정감을 가지며 잘 자랄 수 있다는 말씀이요. 실제로 그러한 자녀와 부모를 저는 너무나 많이 보아왔다고, 그러니 안심하고 최선의 노력을 다하려는 자세만 가지자고, 꼭 말씀드리고 싶습니다.

> **유엔 아동권리위원회,**
> **〈일반논평 제12호: 아동의 목소리가 들려질 권리〉(2009)**
> **22문단**
>
> ---
>
> 아동은 '견해를 자유롭게 표현할 권리'를 가진다. '자유롭게'란 아동이 아무런 억압 없이 자신의 견해를 표현하고 자신의 이 권리의 행사 여부를 선택할 수 있는 것을 말한다. 또한 '자유롭게'는 아동이 조종당하거나 부당한 영향이나 압력에 종속되어서는 안 된다는 것을 의미한다. '자유롭게'는 더 나아가 아동 '자신'의 관점과 본질적으로 연관되어 있다. 아동은 다른 사람의 견해가 아닌 자기 자신의 의견을 표현할 권리가 있는 것이다.

그저 기다리기만 해서는
결코 오지 않을 어떤 기회

초등학교 고학년

"난 아빠 만나고 싶지 않아요. 아빠도 (나에게) 오기 싫으면 오지 말라고 했어요."

설마 했는데, 세진이를 만나 보니 정말로 세진이는 아빠 보기를 거부하고 있었습니다. 세진이 아빠는 전부 엄마가 시켜서 그러는 거라 했지만 세진이의 말투나 표정을 보면 누가 시켜서 나올 수 있는 그것이 아니었어요. 진심으로 아빠를 미워하고 있었습니다.

세진이 아빠, 태일씨는 이혼한 지 반년 만에 세진이가 그렇게 변한 것을 믿을 수 없었습니다. 어려서부터 껌딱지처럼 붙어 지냈고 함께 축구하는 걸 그렇게나 좋아하던 세진이가 아빠를 안 보겠다고 하다니.

"그럼 판사님, 저는 어떻게 해야 할까요. 저는 세진이가 면접교섭이 불편한 것 같아서 편하게 해주려고 '오고 싶을 때 오라'고 한 거지, '오지 말라'고 한 적은 없거든요. 분명 애 엄마가 시켰을 거예요."

"판사님, 저 사람은 늘 저런 식이라니까요. 자기 멋대로 생각하고 말해요. 저는 단 한 번도 세진이한테 아빠 만나지 말라고 한 적이 없어요. 시간도 자기 맘대로 정했다가 막 바꿨다가 그러니까 세진이도 싫어하죠. 그리고 세진이가 그러던걸요. 아빠가 막 화내면서 '너, 아빠 보기 싫으면 오지 마. 나도 너 안 봐'라고 말했다고요." 세진이 엄마인 혜정씨도 지지 않고 속사포처럼 말을 쏟아냈습니다.

협의이혼할 때 약속했던 면접교섭을 위해 세진이를 주말마다 아빠한테 보냈지만 두어 달 지나서는 아이도 싫어하고 그렇다고 태일씨에게서 연락이 오는 것도 아니고 그렇게 흐지부지되어 넉 달쯤 서로 안 보고 지나갔는데 갑자기 '면접교섭 청구서'라는 것이 날아왔습니다. 엄마가 아이를 '세뇌'시켜서 아빠를 못 만나게 하고 있다고 쓰여 있는 그 청구서를 보고 혜정씨는 피가 거꾸로 솟는 것처럼 격분했습니다.

6학년인 세진이는 원래, 초등학교 내내 아빠와 사이가 좋았습니다. 아빠와 축구하는 걸 제일 좋아했던 것도 사실이고요. 그러나 엄마와 아빠가 이혼한 후 6개월 만에 아빠를 미워하게 된 것 또한 슬프지만 사실입니다. 지금은 아빠를 만나고 싶지 않아 하는 것도 진심이었고요. 단, 표면적인 의사는요.

그럼 '속마음'은 다를 수도 있다는 말인데, 세진이가 속마음을 숨기고 표면적으로만 거짓말을 한다는 걸까요. 아뇨, 그렇지는 않습니다. 스스로는 자신의 진짜 속마음을 모르고 있을 수 있으니까요. 세진이를 따로(부모와 분리하되 편안한 상담 환경에서) 만나 일단 이야기를 들어보고(가능한 한 전문가인 가사조사관 등을 통해서), 세진이 엄마와 아빠를 만나 면담을 해본 후에, 세진이를 아동상담가가 몇 회기 전문적인 방법으로 상담하며 좀 더 깊이 이야기를 나눠보니, 세진이가 아빠를 강력히 증오하고 있었던 것은 사실이었어요.

하지만 그 이유는 오히려, 너무나 좋아하고 사랑하는 아빠가 엄마와 이혼한 것, 세진이와 헤어져서 따로 사는 것에 너무나 화가 나서였지요. 세진이는 이혼한 부모에게 "배신감을 느낀다"라고 했어요. 부모의 이혼을 도저히 용납할 수 없었고 아빠와 헤어져 살게 된 것이 너무나 슬펐던 세진이는 그 강력한 분노와 슬픔, 그리고 해결되지 않을 좌절감과 고통을 전부 아빠에 대한 비난과 증오하는 마음으로 쏟아냈던 것이었어요. 세진이에게도 부모의 이혼을 수용할 마음의 준비와 시간이 필요했던 거지요.

세진이와 같은 또래의 초등학교 고학년, 즉 아직 사춘기는 오기 전이지만 아주 어린 초등학생들보다는 사고, 언어, 사회성 등에서 비교적 성숙한 아이들의 경우, 위와 같은 모습을 보이는 경우가 종종 있습니다. 부모의 이혼에 대해 성인 수준으로 설명해도 어느 정도 이해하고 공감도 합니다. 받아들여야 한다는 것도 알고요. 그런데 아직은 흑백논리 수준으로 단순화해서 이해하는 정도의 인지 능력에 머물러 있기 때문에 잘잘못 문제로 쉽게 빠져들어서는 한쪽 부모를 혹독하게 비난하게 되는 경우가 적지 않습니다.

그런 상황에 처한 대부분의 아이들은 함께 사는 쪽의 부모를 비난할 수는 없기에 그편에 서게 되기 쉽고, 반면에 모든 잘못과 비난할 것들은 전부 따로 사는 쪽 부모에게 쏟아내버리게 되는 모습을 종종 보입니다. 비난할 거리가 없으면 때로는 이유를 만들어서라도 비난하는 아이들을 접하기도 했습니다. 예를 들면 "아빠는 자꾸 허리를 펴라고 해서 싫어요" 같은 식이죠. 그 아빠는 면접교섭 때마다 보는 아들이 왠지 구부정하고 위축되어 보이는 것이 싫어서 "허리 펴라", "가슴 펴라" 잔소리를 했는데, 아이가 그 말이 너무 싫다는 핑계로 아빠를 만나길 꺼려한 사례가 있었습니다.

이른바 부모따돌림증후군 혹은 부모소외증후군이라고도 하는 상태입니다. 이는 이혼 부모의 아이들에게 나타나는 한쪽 부모에 대한 증오, 적대, 기타 부정적 감정이 아이의 마음에 자리 잡아 아이의 건강한 성장과 발달을 저해하고 어쩌면 평생에 걸쳐 인격에 그 상처를 새길 만한 치명적 독소로 작용하는 일종의 장애 상태입니다.

이러한 문제가 나타나기 쉬운 연령대가 저의 경험으로는 초등학교 중·고학년에서 사춘기 초기 정도까지로 보이는데, 특히 초등학교 고학년 아이들이 그 시기 발달 특성 때문에 부모따돌림 증후군에 좀 더 취약해 보였습니다. 제가 재판 업무상 접한 사건들에서 경험상 그렇다는 것이므로 이 부분은 실제로 어떠한지에 관해 양적·질적으로 좀 더 면밀한 연구가 필요하겠습니다. 제가 이해하기로는, 좀 더 어린 초등학교 저학년 아이들은 한쪽 부모를 증오하고 강한 분노를 보일 수 있을 만큼 아이 스스로의 힘이 세지 않고요. 사춘기 들어선 아이들은 세상이 복잡하다는 것을 알게 되면서, 그렇게 단순하게 흑백논리로 빠지기보다는 오히려 엄마 아빠 모두 싫어하거나 그 결과 우울로 빠지게 된달까요. 다만 이 또한 어디까지나 판사가 사건처리 과정에서 제한적으로 경험한 사례들에서 관찰한 결과일 뿐입니다. 더 정확히는 전문가, 즉 소아정신과 의사나 임상심리사에게 직접 아이와 부모가 진단 및 상담을 받아서 파악할 수 있을 것이고요.

다만 여러 사례를 접하며 제가 꼭 강조하고 싶은 것이 있습니다. 이혼하고 따로 사는 부모에게 아이가 부정적 감정이 생겨서 그 부모를 만나기 거부할 때 어떻게 대응할 것인가인데요. 많은 부모가 당황하고 어쩔 줄 모르면서 '때가 되면 괜찮아지겠거니' 하거나 심지어 그것을 오히려 당연하게 받아들이면서, 그냥 놔두고 기다려보자는 식으로 면접교섭을 중단하는 대응이 가장 나쁜 대응인 것 같다는 겁니다.

태일씨처럼 아이에게 화를 내며, '네가 싫다면 나도 싫다'는 식의 유아적이고 미성숙한 태도를 보여서 부모로서 의무를 방기하고 아이의 상태를 악화시키는 것이 나쁘다는 건 말할 나위도 없지만, '아빠를 만나고 싶을 때까지 기다려주겠다'는 식으로 마냥 기다리다가 '아차 늦었구나' 싶을 땐 정말 늦었다는 것을 알게 됩니다.

그저 기다리기만 해서는 결코 다시 편안하게 아이를 만날 수 있는 기회는 오지 않습니다. 저절로 그런 좋은 기회가 올 것이라는 방만한 기대는 아이가 성인이 된 후 '중요한 때를 다 놓쳤구나!' 하는 깊은 좌절로 변할 뿐입니다. 한쪽 부모와 단절된, 아이의 복리에 반하는 상태를 방치하는 것은 아이의 의사를 존중한다는 외양으로 합리화될 수 없습니다. 그뿐만 아니라 "아빠를 안 만날 거예요"라는 아이의 말을 아이의 진정한 의사로 취급하는 것은 정말 안이한 태도라고 할 수 있는 것이고요.

앞서 부모따돌림증후군을 독에 비유했는데요. 사람이 독에 중독되면 '언젠가 독이 빠지겠지' 하며 기다리지는 않지요. 놔두어도 저절로 빠지는 독이 있을까요. 그렇다면 그것은 이미 독이 아니지요. 독은 얼른 빼내야 몸이 건강하게 살아납니다. 그처럼 이혼 부모의 아이에게 생길 수 있는 한쪽 부모에 대한 증오심, 적대감, 기타 부정적 감정은 그것이 아이의 마음속에 있는 것 자체가 그 아이의 현재, 그리고 미래에 계속 해롭게 작용하는 독소인 만큼 곧바로 적정한 조치를 통해 해독해야 합니다.

그 구체적인 방법은 위에도 언급하였지만 그 분야 전문가의 도움을 받아 찾아야 합니다. 다만 판사로서 제가 말씀드릴 수 있는 것은, 부모따돌림증후군이 나타나는 경우라도 전문가의 도움을 받아서 아이와의 관계 회복을 도모하며 면접교섭을 꾸준히 해나가야 한다는 것입니다. 꾸준한 면접교섭, 이것만큼 중요하고 결정적인 해결책은 없습니다.

면접교섭의 방식은 대면과 비대면(전화통화나 영상통화 등), 직접과 간접(편지를 전달하거나 상담가 등 신뢰할 만한 제3자가 관계를 중재하면서 소식과 마음을 전달해주는 방법 등), 그 밖에 다양하게 가능하고, 시간이나 장소, 무엇을 할 것인지 등도 아이와 상황에 적합하게 얼마든지 여러 가지로 궁리할 수 있습니다. 할 수 없다고만 생각하지 말고 적절한 방법을 전문가와 함께 찾아서 관계를 회복해가며 면접교섭을 꾸준히 시도해야 합니다. 면접교섭을 중단해버리는 것은 중독을 더 악화시키는 것이 됩니다.

물론 아이 마음을 무시하고 무작정 면접교섭을 강행하라는 것이 절대 아닙니다! 면접교섭이 가능하고 원만해질 수 있도록 전문가의 도움을 받아 아이에게서 부정적 감정을 해소하고, 미움받는 부모와 아이 사이의 관계 개선을 위해 노력해야 한다는 것이지요. 그리고 적절한 면접교섭 시간과 방법 등이 정해지면, 그 한 번 한 번의 면접교섭 시간을 잘 지키고 충실히 잘 보내야 합니다. 한 번의 면접교섭이 다음 또 한 번의 면접교섭으로 잘 이어질 수 있도록 말이지요. 아주 조금씩이라도 아이가 비양육친과 함께 있는 시간을 더 편안하고 좋게 느낄 수 있도록 애를 많이 써야 합니다.

기우에서 반복하지만, 부모따돌림증후군이 나타난 아이도 계속 종전대로 면접교섭을 유지해야 한다는 말로 오해하시는 분은 없겠지요. 다시 부언하지만, '전문가의 도움'을 받아 문제를 해소해가며 꾸준히 면접교섭을 하는 것, 즉 중장기적으로 부모와 자녀가 좋은 관계를 유지해야 한다는 뜻입니다.

그 노력은 비양육친만 해서는 안 되고 양육친과 비양육친이 함께해야 효과가 있겠죠. 그리고 단지 노력하는 것뿐 아니라, 나아가 아이에게 부모가 함께 노력하고 있음을 성심껏 보여주는 것이 필요합니다. 이렇게 최선을 다해 너를 사랑하고 있다고, 너는 그러한 사랑을 받을 만한 가장 소중한 존재라는 것을 아이가 느낄 수 있어야 합니다. '노력'과 함께 '노력을 보여주고 느낄 수 있게' 해야 합니다. 이로써 독이 서서히 빠지고 부모의 사랑이 다시 아이를 채울 때 비로소 아이가 건강히 잘 자랄 수 있는 마음의 기초체력이 생길 테니까요.

유엔 아동권리위원회,
〈일반논평 제14호: 아동의 최상의 이익 원칙〉(2013)
61문단

부모로부터의 분리가 아동에게 미치는 영향의 심각성을 고려할 때, 그러한 분리는 아동이 조만간 위해를 당할 위험에 처하거나 여타 불가피한 경우에 최후의 조치로서만 행해져야 한다. 덜 강제적인 조치에 의해 아동이 보호될 수 있다면, 분리는 행해져서는 안 된다. 그러한 분리에 의존하기 전에, 그리고 아동을 보호하기 위해 분리가 불가피하지 않는 한, 국가는 부모로서 마땅히 해야 할 일과 관련하여 부모에게 지원을 제공하고, 아동에 대한 가족의 보살핌 능력을 회복시키거나 향상시켜야 한다. 경제적 이유는 아동과 부모의 분리를 정당화할 수 없다.

낯설어진 자녀와 함께 춤을

사춘기(상)

희철씨는 전처 경숙씨가 이번 주말에도 선호를 보내주지 않자 몹시 언짢았습니다. 선호 중학교 입학 후 3월 마지막 주에 1번, 그리고 4월 첫 주에 1번, 주말 1박 2일 방식의 면접교섭을 한 후로는 벌써 두 달째 선호를 못 보고 있었거든요.

"선호가 피곤해서 안 가겠다고 합니다. 양해 바랍니다."

부부가 이혼하면 남이라지만 남보다 못하리만치 딱딱하게 사무적인 문자메시지만 일방적으로 보낸 경숙씨에게 환멸의 마음이 일었습니다. 중학교 입학해서 적응해야 한다, 학원 보강 때문에 주말에 시간이 없다, 중간고사 준비를 해야 한다, 기말고사가 코앞이다, 이런저런 핑계를 대더니 급기야 거두절미 그냥 아이가 피곤하다고 안 보내겠다니. 화가 난 희철씨는 곧장 경숙씨에게 전화를 했습니다.

"아니, 아이가 안 간다는데 나보고 어쩌라고요." 경숙씨 역시 격앙된 목소리로 희철씨가 따지는 말 하나하나에 지지 않고 대꾸했습니다. "나도 이번에는 꼭 아빠 보러 가야 한다고 여러 번 얘기했다고요. 근데 '아, 안 간다고!' 버럭 화내면서 자기 방문 쾅 닫고 들어가버리는 걸 어떡해요."

경숙씨는 경숙씨대로 선호가 중학교 들어간 후 점점 상대하기 어려워지던 참에 희철씨가 사정도 모르고 면접교섭 왜 안 보내주냐고 들볶기만 하니 피로감은 말할 것도 없고 억울함이 밀려왔습니다. 학원이다, 중간고사다, 기말고사다 하는 것은 핑계가 아니었어요. 실제로 아이 스케줄이 점점 빡빡해지고 있었고, 희철씨야 양육비라고는 하나 학원비에도 못 미치는 돈을 보내주며 이래라저래라만 할 뿐, 막상 선호를 먹이고 입히고 학교 보내며 키우는 모든 일들을 오롯이 경숙씨 혼자서 감당하고 있다고 여기며 무척 힘들어하고 있었거든요.

게다가 선호가 요즘은 부쩍 커지며 말수가 적어지고 웃지도 않고 자기 방에 들어가 문 닫아걸고 혼자 있는 시간이 늘어가고, 경숙씨가 말을 걸어도 대꾸는커녕 퉁명스럽게 반응해서 경숙씨와도 가끔 부딪히곤 했습니다. 경숙씨는 이 모든 상황이 버겁고 힘들어 다 놓아버리고 싶다는 마음마저 들 지경이었어요.

이런 상황에 놓인 경숙씨와 희철씨는 선호와의 면접교섭을 어떻게 하면 좋을까요.

　우선, 하지 말아야 할 것부터 첫 번째로 말씀드리자면, 자녀의 의사를 따른다는 이유로 비양육친과의 면접교섭을 중단하거나 막연히 미루어서는 절대로 안 됩니다. 정확히는 사춘기 자녀가 피곤하다거나 귀찮다는 이유로 비양육친과의 면접교섭을 하지 않으려고 하더라도 '비양육친과의 접촉 및 유대관계 유지, 그리고 정기적으로 만나서 함께하는 시간 가지기'를 절대로 멈추거나 포기해서는 안 된다는 것입니다.

　왜냐하면 이 경우 '아빠(또는 엄마)와 만나고 싶지 않다'는 표면적 의사가 자녀의 진정한 의사 또는 자녀의 니즈*가 아닐 수 있고, 설령 그것이 아이의 진의라고 하더라도 '함께 살지 않는 친부 또는 친모와의 관계 유지'는 민법상 '자의 복리', 즉 아동권리협약상 '아동의 최선의 이익'을 평가하고 결정할 때 아동의 견해 못지않게 고려되어야 할 중요한 요소 중 하나이기 때문입니다.

　그러면 더 이상 아이가 부모 말을 고분고분 듣지 않는 나이가 되었는데 어쩌란 말인가 싶으실 텐데, 두 번째로 드리고 싶은 말씀은, 뾰족한 수는 없고 사랑과 인내로 자녀를 대해야 한다는 것

---

* '니즈(needs)'란 사람에게 꼭 필요하고 충족되어야 할 중요한 어떤 것을 말합니다. 예컨대, 아동에게는 음식과 영양, 주거와 같은 것뿐만 아니라, 부모에게서 사랑받고 이해받는 것, 부모에게 하고 싶은 말을 하는 것도 니즈라고 할 수 있습니다. 이런 것들이 없으면 아이가 제대로 자랄 수 없습니다.

입니다.《10대들의 사생활》이라는 책을 보면 '10대 자녀가 부모와 인연을 끊고 싶은 것처럼 행동하더라도 부모의 무한한 사랑을 자녀에게 끊임없이 표현하는 것이 중요하다'고 강조합니다.•

제가 담당했던 수많은 사례에서 사춘기 자녀를 둔 부모에게 권하여 대부분 성공했던 방법은 '자주 문자하기'와 '그냥 함께 있기'였습니다.

즉, 자녀가 면접교섭에 시큰둥한 태도를 보일 때, 섭섭해하지 말고 일단은 '알겠다'고 존중해주되, 문자라도 자주, 꾸준히 보내서 최소한의 접촉과 유대관계를 계속 유지하는 것입니다. 물론 자녀가 답을 잘 안 하거나 '예, 아니요' 수준의 짧은 답만 하더라도 그 연령대 아이들의 자연스런 특성으로 받아들이는 것이 좋고, 중요한 것은 어쨌든 꾸준히 자녀와 소식을 주고받으면서, 비록 떨어져 살더라도 자녀에게 관심과 사랑을 갖고 있다는 것을 지속적으로 표현하는 것입니다.

유엔 아동권리위원회의 〈일반논평 제20호: 청소년기 아동 권리의 이행〉(2016)에 의하면, 사춘기는 급속한 뇌 발달과 육체적 성장, 인지능력 향상, 성 인지의 시작, 새로이 드러나는 능력과 강점 및 기술 등을 특징으로 하는 인간 발달의 독특한 단계로서, 청소년들은 의존성에서 더 큰 자율성의 상황으로 전환하며 사회에서

• 데이비드 윌시,《10대들의 사생활》, 곽윤정 옮김, 시공사, 2011.

자신의 역할을 둘러싼 더 큰 기대를 경험하게 된다고 합니다(9문단). 이와 같이 청소년기는 자율성 내지 독립성으로 향해가면서도 아직 의존성이 공존하기 때문에, 부모로부터 떨어져 나가고 싶어 하지만 동시에 여전히 부모의 관심과 사랑에 의존하면서 안전감을 느낍니다.

세 번째로 제가 사춘기 아이와의 면접교섭 방법으로 강조하는 형태는 '그냥 함께 있기'입니다. 더 어린 연령대 아이들에게는 부모가 '놀아주는' 것이 중요하다면, 사춘기 아이들의 경우 부모와 거리를 두고 자녀 자신의 공간을 좀 더 확보해주는 것이 필요합니다. 따라서 면접교섭 방법 역시 자녀와 만나서 굳이 무언가를 '함께하려고 하기'보다는 만나서 한 공간에 '함께 있기' 내지 '그냥 단순히 함께 지내기'가 더 적절할 수 있습니다.

심지어 '대화'조차도 굳이 억지로 하려고 하기보다는 그저 자녀와 같은 공간에서 같은 시간의 흐름 안에 있는 것이 중요하다고 전문가들이 권하더군요. 함께 편안한 시간을 보내다 보면 자연스레 자녀가 다가와 말을 거는 신기한 일이 벌어지고, 그럴 때 훈계나 잔소리를 늘어놓기보다는 가급적 경청하는 자세로 많이 들어주다 보면 어느새 아이 마음의 문이 열리는 소리가 들릴 정도로 관계가 변화한다고 합니다.

네 번째로 말씀드리고 싶은 것은, 사춘기 자녀를 둔 이혼 부모들 간의 '파트너십'을 재구축해야 한다는 것입니다. 이 말씀을 드리면 냉소적인 태도로, 부부간 또는 부모간 협력이 잘되는데 굳이 이혼을 했겠느냐고 되묻는 부모님들을 종종 만났습니다만, "그럼에도 불구하고 어쨌든 양육 협력을 노력하셔야 부와 모와 자녀 모두가 삽니다"라고 답해드립니다. 사춘기 자녀는 딸이든 아들이든 모 또는 부 혼자서는 정말 키우기 어렵다는 것을 알아야 하고, 자녀를 위해서라도 양육친 외에 다른 어른들이 필요하다는 것을 많은 전문가들이 강조합니다.

한쪽 부모와 관계가 틀어지거나 갈등이 생겨도 다른 쪽 부모와의 유대가 있는 아이는 크게 엇나가지 않을 수 있고, 관계가 나빠진 부모도 다른 쪽 부모의 지원이 있으면 자녀와 관계를 회복하는 것이 훨씬 수월합니다. 그리고 무엇보다도 '이혼 부모의 파트너십'의 기본 중 기본은 '양육비'와 '면접교섭'이니, 이를 원활하게 하기 위한 최선의 노력을 각자 그리고 함께 최선을 다해 나가야 합니다.

결혼 중에도 안 되었던 '협력'을 이혼하고 나서 어떻게 가능하게 할 수 있느냐고 반문하기보다는, 부부로서는 인연이 다하였지만 부모로서의 역할과 임무는 아직 한참 남았으니 새롭게 힘을 내보시길 권합니다. 부부로서는 갈라서 다른 길을 가게 되었으나 자녀를 사랑하는 마음만큼은 같고 자녀를 잘 키우려는 공동의 목표가 있으니 그러한 공통점과 공동 목표에만 포커스를 맞춰 충분히 서로 협력할 수 있습니다. 물론 녹록지 않은 과정이 있었겠지만 이혼 후에도 자녀 양육에 대해서만큼은 훌륭한 파트너십을 보이는 좋은 부모님들을 실제로 많이 보았으니까요.

앞서 본 유엔 아동권리위원회의 〈일반논평 제20호: 청소년기 아동 권리의 이행〉(2016)에 의하면, 청소년기는 그 자체로 아동기의 귀중한 시기이지만 또한 중요한 전환기이며 더 나은 삶으로 개선하기 위한 기회이기도 하다면서, 청소년기에 긍정적이고 도움을 받을 수 있는 기회를 갖게 되면 설령 아동기 초반에 어떤 고통을 겪었다 하더라도 아이는 그에 따른 결과를 일부 상쇄하고 미래의 피해를 줄이기 위한 회복력을 키울 수 있다고 합니다(11문단).

사춘기는 자라나는 자녀가 반드시 겪고 지나가야 할 삶의 한 단계로서 본인은 물론, 그 부모 모두에게 도전적인 시기임이 분명합니다. 그러나 자녀를 사랑하는 부모라면 이혼이라는 상황과 사춘기라는 자녀의 생애주기적 과제를 조화롭고 지혜로운 해법으로 잘 헤쳐나갈 수 있을 것이라고 믿습니다. 결코 쉬운 일이 아니지만 제가 봐온 많은 이혼 부모님들이 이 어려운 과제를 수행하며 자녀들과 함께 성장해가는 아름다운 모습들을 보여주셨으니까요. 몸과 마음이 자라며 낯설어진 자녀와도 새롭게 스텝을 밟아나가며 멋진 춤을 추는 모든 부모님들께 박수를 보냅니다.

> 유엔 아동권리위원회,
> 〈일반논평 제20호: 청소년기 아동 권리의 이행〉(2016)
> 17문단(발췌)
>
> 청소년의 회복력과 건강한 발달을 증진시키는 것으로 알려진 요소는 다음과 같다.
> (a) 그들 삶의 주요 성인과의 강한 관계와 지원, (b) 참여 및 의사결정 기회, (c) 문제 해결 및 대처 기술, (d) 안전하고 건강한 지역 환경, (e) 개성에 대한 존중, (f) 우정을 쌓고 유지할 기회.*

- (a)항에 언급된 '그들 삶의 주요 성인'에 부모가 우선적으로 포함되리라는 것에는 깊은 숙고를 요하지 않는다. 이혼 부모의 자녀들이 사춘기를 지날 때 부와 모 각각의 신뢰와 지지로 단단한 유대관계를 맺는 것만큼 소중한 성장의 토대가 되는 것은 없을 것이다. —지은이

너무 일찍
어른이 되는 아이들

사춘기(하)

조정실 밖 복도 의자에 앉아 고개를 숙이고 고1 수학 문제집을 몇 장이나 풀고 있던 현우의 모습은 몇 년이 지난 아직도 생생해서 잊히지가 않습니다.

조정실 안으로 따라 들어오라고 하며 "문제 풀기 어렵지 않아?"라고 묻자, "할 만해요"라고 어른스럽게 대답하던 현우는 자리에 차분히 앉으면서 미소를 지어 보이기까지 했습니다. 왜 수학 문제집을 푸느냐는 질문에 "수학 문제 풀 때가 제일 마음이 편해요"라며 또 슬쩍 웃어 보였고요.

그런데 이런저런 얘기를 나누어보는 동안 현우는 무슨 말에든 끝에 "그래도 괜찮아요" "하지만 괜찮아요"를 자꾸 붙여 말했습니다. 그래서 진짜 괜찮다는 건지, 아니면 안 괜찮아서 자꾸 괜찮다고 자신을 다독이는 것인지 헷갈렸습니다.

그러나 아빠가 현우에게 부엌칼을 쥐어주고 찌르라면서 같이 죽자고 했을 때는 "너무 무서웠지만" "그래도 아빠가 그 후에 미안하다고 말해서" "지금은 괜찮아요"라고 말하는 것을 들었을 때는 결코 현우가 괜찮을 리 없다는 것을 알게 되었지요. 그때에도 현우는 웃으며 말했지만 입꼬리만 올라간 앙다문 가느다란 입술이 떨리고 있었습니다.

자주 술을 먹고 폭력적으로 변하는 아빠한테 지쳐서 이미 엄마는 집을 나가버렸고 그 상태에서 이혼 소송을 냈습니다. 그런 아내에게 화가 나서 더 폭음을 하고, 남겨진 아이들에게 "너희 엄마가 이혼하면 죽어버리겠다"는 말을 수시로 하던 아빠는 어느 날 술김에 아빠를 찌르라며 현우 손에 칼까지 들려주게 된 것이었어요.

아빠 몰래 집에 가끔 들러서 반찬 해놓고 빨래나 청소도 해주고 가시던 엄마가 "현우야, 넌 다 컸으니까 아빠 말 잘 듣고 현미 잘 돌보고 공부 잘 하고 잘 있어"라고 했고, 현우는 집을 나간 엄마 대신 자기만큼은 아빠 곁을 지켜야 할 것 같았죠. 초등학교 5학년밖에 안 된 동생도 지켜야 할 것 같았고요. 그래서 자기는 무서워도 참고 동생을 위로하면서 엄마 말대로 열심히 공부하려고 안간힘을 쓰며 집을 지키고 있었던 것이었어요.

역기능적으로 무너져 내린 가정으로서의 '집'을 현우가 말 그대로 '지키고' 있었던 겁니다. 아직 만 열여섯밖에 안 된 고등학교

1학년생 현우가 기둥처럼 그 가정을 지탱하고 있더란 말입니다. 저는 그날 현우를 격려해주면서 대화를 마치고 곧바로 법원 아동 상담위원께 현우의 상담을 맡겨서 치료와 다독임을 부탁했습니다.

그리고 현우의 아빠와 엄마가 함께 만들어낸 정서 학대와 방임이 혼재된 처사는 분명 아동학대에 해당했지만, 그에 대해 별도로 사건화해서 형사적 절차를 밟기보다는 현재 진행 중인 가사 사건 절차 안에서 직접 교육 및 상담 등을 통한 강도 높은 개입을 하기로 하였습니다. 현우가 바라는 것은 아빠와 엄마에 대한 사법 처리가 아니라 '잘 대해주는 좋은 아빠'였고 '엄마와 떨어지지 않는 것'이었으니까요. 또 현우에게 정말 필요한 것은 엄마와 아빠가 평화롭고 따뜻하게 자신을 잘 돌봐주는 것이었고, 설령 엄마와 아빠가 따로 살게 되더라도 평온하게 양쪽 모두와 유대관계를 유지하면서 돌봄과 사랑을 받는 것이었으니까요.

이를 위해 현우의 엄마와 아빠는 그 후 몇 달간 부모교육과 상담, 그리고 조정적 개입을 통해서 좀 더 아이들 중심의 이혼 갈등 해결, 즉 아이들을 보호하면서 두 분이 평화롭게 이혼하고 이혼 후 양육 협력관계를 잘 정립하기 위한 시간을 보냈습니다.

현우 아빠가 이혼이라는 현실을 수용하기까지는 제법 시간이 필요했고 음주 습관도 쉽게 바꿀 수 있는 것은 아니었지만, 그래도 공감적이고 지지적인 조정위원을 통해서 결국은 원만하게 이혼하겠다는 마음을 먹게 되었어요. 그리고 현우 엄마 또한 이혼도 중요하지만 아이들을 보호하며 아이들의 복리에 부합하도록 이혼을 '잘하는 것' 역시 포기하지 않기로 마음을 단단히 먹게 되었지요.

무엇보다도 현우는 '다 큰' 아이가 아니라 아직은 보호와 양육이 필요한 그냥 아이이기 때문에, 현우가 엄마·아빠 노릇을 하게 하지 말고, 엄마와 아빠가 현우에게 부모 역할을 끝까지 잘해야 한다는 것에 결국은 두 분의 동의가 이루어졌어요. 그 결과 현우와 현미의 양육은 엄마가 하고 아빠는 양육비 지급 및 정기적인 면접교섭을 하기로 하는 합의에까지 이르게 되었습니다. 다행이었지요. 물론 그 '동의'에 이르기까지 부모교육과 상담적 개입을 위해 전문상담가였던 조정위원의 상당한 노고가 있었지만요. (이러한 절차의 구체적인 시스템은 법원이나 재판부마다 다르고, 특히 인력 등 자원이 갖춰져 있는지에 따라 크게 다릅니다).

청소년기 내지 사춘기 아이들의 경우에, 현우처럼 부모의 갈등과 이혼으로 '애어른'이 되어 가정에서 어른의 역할을 자처하는 아이가 생각보다 많습니다. 부모의 불화나 별거, 이혼에도 겉으로는 아무 상관없이 학교에 잘 다니고 생활도 잘하고 친구 관계도 좋은 모범생으로 잘 지내는 경우가 의외로 적지 않습니다. 그래서 아이가 '괜찮다'고 생각합니다. 즉, 어떤 사람들은 '부모의 이혼

자체가 아이에게 좋거나 나쁜 것이 아니다. 부모가 이혼해도 아이들이 잘 자랄 수 있다'는 말을 '부모가 이혼할 때 애들을 그냥 내버려둬도 아무 문제없이 잘 자란다'로 머릿속에서 치환해서 생각하는 거죠.

아이가 진짜로 괜찮으려면 부모가 부모 역할을 해주어야 합니다. 부모 역할의 어떤 부분에 구멍이 나서 부모로부터 받아야 할 것을 받지 못할 때 현우 같은 아이들은 스스로 자신에게 부모가 되어 그 구멍을 메꿉니다. 그렇게 역할을 자처하는 것이 형제에게는 대신 부모가 되어주는 데로 나아가고, 심지어 부모 사이에서 정서적으로 남편 역할, 아내 역할을 하는 데까지 나아가기도 합니다. 술 먹고 밤에 들어와 술주정하는 것을 아이가 받아주기도 하고, 배우자에 대한 비난이나 푸념과 팔자 한탄을 아이가 받아주며 견디기도 하는 거죠.

이런 아이들은 겉으로 보기에는 어른스럽고 듬직하고 믿을 만하고 모범생처럼 보입니다만, 그 속도 정말 괜찮을까요. 혼자서는 정말 힘들어하는 경우가 적지 않습니다. 또 그 당시에는 자기감정을 부인하며 스스로 '괜찮다' '힘들지 않다' 하며 지냈으나, 성인이 되고 나서는 내적으로 외로움을 많이 타고 마음에 상처가 많아 가까운 관계를 잘 맺지 못하는 성격으로 굳어진 경우도 보았습니다. 부모라면, 어른이라면 현우 같은 아이를 그저 괜찮다고 치부하지 말고, 마땅히 해주었어야 할 부모의 역할과 기능을 제공하고자 노력하는 것이 바람직하지 않을까요.

다른 한편으로는 사춘기에 현우 같은 스타일 외에도, 부모 모두에 대해 시니컬한 반응을 보이거나 반항적 태도를 보이는 아이, 아예 엇나가 가출이나 비행 등을 저지르는 아이도 있고요. 집중력이 떨어지고 공부에 흥미를 잃거나 좋아하던 활동도 시큰둥해하는 아이, 심한 경우 우울이나 무력감이 깊은 상태로 침잠하는 아이 등 양상은 다양합니다. 이렇듯 아이들에게 나타나는 양상은 다르더라도 공통된 것이 있습니다. 무엇이 그 아이들에게 그러한 결과를 초래했을지 잘 살펴서 필요한 부모 역할과 기능을 제공해주어야 한다는 것입니다. 그리고 이를 가능하게 하는 기본은 바로 면접교섭을 통해 비동거친 역시 자녀를 꾸준히 만나고 자녀와 대화하고 자녀를 돌봐주어야 한다는 것입니다.

다행스럽게도 아이들은 부모가 조금만 태도를 바꿔서 부모 역할을 잘해주고 상담 등의 전문적 도움을 주면, 성인에 비해서 금방 좋아지는 경우를 많이 볼 수 있습니다. 아이들이 금방 회복되는 모습은 신기하기까지 합니다. 아이들은 아직 자라는 중에 있으니 그 자라나는 힘으로 상처나 문제도 쉽게 극복하는 것인가 싶기도 하고, 아이들 안에는 그 어떤 알 수 없는 각자 자신만의 고유한 신비한 힘이 있는가 하는 생각이 들기도 합니다. 어른으로서 그 아이들에게 미안한 마음이 들면서도 한편으로는 참으로 경이롭고 신기해서 이젠 이혼 사건이 오면 아이들을 먼저 살피게 되는 것이 아주 자연스러워졌습니다.

유엔 아동권리위원회의 〈일반논평 제20호: 청소년기 아동 권리의 이행〉(2016)에 의하면, 의존성과 자율성이 공존하는 독특한 시기인 청소년기는 쉽게 정의할 수 없고 아이마다 각기 다른 연령대에 나타난다고 합니다. 사춘기는 여자아이와 남자아이에게 다른 연령대에서 나타나고 각기 다른 뇌 기능은 다른 시기에 성숙해진다고 하고요(5문단). 이 시기 아이들은 몸이 다 자라서 다 큰 것처럼 보이지만 아직은 아이이니 여전히 부모가 부모 역할을 잘 해야 합니다. 뇌, 특히 인간의 가장 고도한 부분인 논리적, 추상적 사고 영역이 아직도 계속 자라는 중이니까요.

위 일반논평에서는, 청소년의 회복력과 건강한 발달을 증진시키는 요소로 "그들의 삶의 주요 성인과의 강한 관계와 지원"을 첫 번째로 꼽더군요(17문단). 가장 주요한 성인은 말할 나위 없이 '부모', 즉 엄마와 아빠가 최우선적이겠죠. 부모의 이혼으로 아이가 한쪽 부모와는 따로 살 수밖에 없게 되더라도 따로 사는 부모와도 강력한 유대관계를 유지할 수 있어야 합니다. 부모로부터의 양육과 교육에 관계된 지원 역시 당연히 지속되어야 하구요.

남편이 볼 때 아내가 빵점이라거나 혹은 아내 입장에서 남편이 형편없다고 생각하더라도, 그 상대방이 내 소중한 아이에게는 결코 끊어낼 수 없는 '중요한' 어른으로서의 부모라는 사실은 절대 잊어서는 안 됩니다. '그런 엄마는 혹은 아빠는 차라리 없는 게 나아'라는 생각은 넣어두시고 그 상대 부모가 나에게는 부족한 배우자였지만 자녀에게는 대체 불가능하고 존재 자체로 중요한 사람임을 인정하고 그와 협력적 양육 관계를 정립해나가야 합니다. 그래야 내 소중한 아이가 단단한 자존감과 정체성을 지닌 어른으로 잘 자랄 수 있습니다.

그러니 이혼 부모가 사춘기 자녀를 둔 경우에, 아이들이 다 컸으니까 알아서 잘 지내겠거니 하는 식으로 방치해선 절대로 안 되고, 반드시 안정적인, 그러나 융통성 있는 면접교섭 일정을 짜야 합니다. 물론 아이들의 참여 기회를 충분히 주고 그들의 의견을 존중하면서 말이죠. 위 일반논평에서 청소년의 회복력과 건강한 발달을 증진시키는 요소로 두 번째로 꼽고 있는 것이 바로 '아이들의 참여 및 의사 결정 기회'이기도 하니까요.

이와 관련해서 한 가지 짚고 가야 할 것은, 아이의 의견을 존중할 때 매우 세심하고 사려 깊어야 한다는 것인데요. 앞서 현우의 사례에서도 보았듯이, 때론 아이의 표면적인 의견만을 얕게 따라가다 보면 아동의 최선의 이익 내지 자녀의 복리에 부합하지 못하게 될 수 있으므로, 아이의 마음과 의사가 표현될 기회를 줄 때 우리는 이 점을 정말 조심해야 합니다.

현우의 경우, 자기는 '당연히' 아빠랑 살아야 한다고 말했었거든요. 하지만 우리는 현우에 대한 상담과 그 부모에 대한 교육 및 조정 등을 거쳐서 현우의 의견은 존중하되 현우의 복리에 부합하는 양육 세팅을 그와는 달리 했었지요. 현우의 양육자는 엄마로 하되 아빠는 양육비 지급과 정기적인 면접교섭을 통해 현우와의 긴밀한 유대관계를 유지하도록 함으로써 현우에게 안정적인 양육 환경을 제공하면서도 아빠를 사랑하는 현우의 마음을 충분히 보살필 수 있었어요. 이와 같이 '아동의 목소리가 들려질 권리의 보장 및 존중'과 '아동의 최선의 이익의 고려' 간에는 주의 깊은 관계 설정이 필요합니다.

마지막으로, 엄마와 아빠를 사랑하는 이 땅의 모든 현우들이 가진 경이로운 내면의 힘에 찬사와 응원을 보냅니다. 그런 아름다운 모습을 잘 간직한 단단한 어른으로 아이들을 잘 키워내려고 애쓰시는 수많은 현우 엄마아빠들에게도 격려와 지지와 응원의 말씀을 드립니다.

유엔 아동권리위원회,
⟨일반논평 제20호: 청소년기 아동 권리의 이행⟩(2016)
50문단

아동에게 안전, 정서적 안정, 격려 및 보호를 제공하는 부모와 돌보는 자의 역할은 청소년기 내내 중요하다. 아동권리위원회는 협약 제18조 (2) 및 (3)에 명시된 바와 같이 부모와 돌보는 자에게 적절한 지원을 제공하고, 제27조 (2)에 따라 부모가 최적의 발달을 위해 필요한 지원 및 생활환경을 제공하는 것을 돕는 국가의 의무가 청소년의 부모에게도 동등하게 적용됨을 강조한다. 그러한 지원은 청소년의 권리와 변화하는 역량 및 그들이 자신의 삶에 기여하는 기여도를 존중해야 한다. 국가는 전통적 가치를 명목으로 폭력을 용인하거나 묵인하지 않으며 가족 환경 내에서 불평등한 권력 관계를 강화시켜 청소년의 기본적 권리의 행사를 위한 기회를 박탈하지 않도록 보장해야 한다.

3부

다양한 상황에서의
면접교섭
심화 문제 풀기

나쁜 면접교섭을
피하는 방법

아이 중심의 면접교섭이어야 한다

• 정남씨 이야기 •

"도대체 애를 어떻게 보는 거야? 한 달에 겨우 두 번 보는데, 한 끼는 치킨에 한 끼는 피자. 아니, 애 엄마가 밥해 먹일 줄도 몰라? 게다가 꼬질꼬질하게 애 꼬락서니가 이게 뭐야? 씻기지도 않고 재우면 어떡해? 팬티 매일 자기 전에 갈아입히라고 했어, 안 했어? 양치질도 안 시켰지? 넌 엄마도 아니야. 애 만날 자격도 없어."

주말에 엄마를 만나, 하룻밤 자고 온 지우를 보자마자 정남씨는 지우의 머리끝부터 발끝까지 샅샅이 살펴보았습니다. 지우에게 엄마랑 뭘 했는지, 뭘 먹었는지도 꼬치꼬치 체크해보았습니다. 그러다가 결국 화를 참지 못하고 은숙씨에게 전화를 걸어 비난의 말을 퍼부어버린 정남씨. 한마디를 더 쏘아붙이고는 전화를 끊어버립니다.

"앞으로는 애 만날 생각하지 마."

• 은숙씨 이야기 •

"웃기지 마. 지난번에 두 번 빼먹은 거나 이행해. 지난달에 할머니네 가야 한다고 일방적으로 안 한 거랑, 애 감기 걸렸다고 저번주에 안 보낸 거랑, 두 번 더 할 거야. 그리고 애가 먹고 싶다잖아. 지우가 얼마나 먹고 싶었던지 치킨 한 마리, 피자 한 판을 혼자 다 먹었어. 너야말로 애를 어떻게 키우는 거야? 그리고 양치질 하루 안 한다고 죽냐? 지우가 밤늦게까지 얼마나 신나게 놀았던지 씻을 겨를도 없이 쓰러져 자버리더라. 지겹다. 잔소리 좀 그만해."

가만히 있을 은숙씨가 아니었어요. 곧바로 정남씨에게 전화를 걸어서 하고 싶은 말을 다 쏟아부은 은숙씨. 역시 한마디를 더 붙이고는 전화를 끊어버립니다.

"면접교섭 거부했단 봐. 바로 소송할 거야."

• 지우 이야기 •

자, 막상 지우는 어떨까요. 아빠 말이 맞다고 생각할까요, 엄마 말이 맞다고 생각할까요. 아빠 편을 들어줄까요, 엄마 편을 들어줄까요.

아닙니다. 지우는 아빠 편도 엄마 편도 아닐뿐더러 엄마와 아빠 중 누구 말이 맞는지는 지우에게 하등 중요하지 않습니다.

과연 지우의 마음은 어떨까요.

"아빠요? 네, 좋아요. 아빠랑 있으면 편해요. 잘 챙겨줘요. 엄마요? 네, 엄마도 좋아요. 맛있는 거 잘 사줘요. 재밌고요. 더 자주요? 그럼 좋죠. 엄마랑 더 자주 만나면 좋을 거 같아요. 어떤 날은 엄마가 보고 싶으니까요. 집에 아빠가 있어도요. 그런데요, 그러면 아빠가 걱정을 많이 하실 거예요. 아빠는 내가 엄마랑 있으면 걱정을 많이 하기 때문에 엄마한테 더 자주 가는 건 안 좋을 거 같아요. 그리고 엄마 아빠가 나 때문에 많이 싸우세요. 나 때문에 힘드시니까 힘든 일을 안 만드는 게 좋을 거 같아요. 엄마 보고 싶은 거요? 참을 수 있어요."

자, 지우의 이야기에서 우리는 무엇을 알 수 있을까요.

면접교섭은 자녀의 권리인 것은 물론 비동거 부모의 권리이기도 하므로 꼭 해야 하는 것이긴 하지만, 하기만 하면 되는 것이 아니라 적절한 방법으로 제대로 잘하지 않으면 도리어 자녀를 힘들게 하거나 심한 경우 해로운 영향을 줄 수가 있다는 것입니다.

해로운 면접교섭을 하느니 안 하는 게 낫겠다고요? 아닙니다. 해롭더라도 하는 게 낫다는 말이 아니라, 부모님 여러분들은 반드시 자녀에게 해롭지 않게 면접교섭을 잘해야 한다는 것입니다.

그러면 어떤 면접교섭이 해로운 면접교섭이고, 어떻게 하면 나쁜 면접교섭을 피할 수 있을까요.

첫째, 정남씨처럼 면접교섭을 보내면서 하나부터 열까지 지시하고 또 그에 따랐는지 체크하는 식의 '통제형' 내지 자기의 양육 스타일을 상대에게 강요하는 '독재형'은 그 양육 내용의 옳고 그름을 떠나서 그 자체가 옳지 않습니다. 그런 태도는 상대 부모를 존중하지 않는 것이고 아이의 자율성도 인정하지 않는 것이거든요. 실제로 사람은 절대 타인의 생각대로 쉽게 통제되지도 않고요. 싸움만 유발될 뿐이며 부모의 싸움에 노출되는 자녀에게 괴로움만 줄 뿐이지요.

상대 부모의 양육 방식이 맘에 들지 않고 틀렸다는 생각이 들어도 일단은 존중하는 태도로 대해야 합니다. 혼인관계를 유지하는 부부간에도 자녀 양육에 대해서는 서로 가치관이 달라서 싸우는 경우가 많은데, 하물며 이혼한 남남 사이에서야 더 말할 나위가 없겠지요. 이혼한 상대 부모가 양육에 대해 나와 다른 생각인 것을 일단 당연하고 자연스러운 것으로 받아들이고 존중하려고 마음을 먹는 것 자체가 중요합니다.

힘들다구요? 네, 쉽지 않아요. 어렵지만 일단 '그럴 수 있지' 또는 '이유가, 사정이 있겠지'라고 조금만 여유를 가지고 존중의 마음을 먹어봅시다. 그러면 오히려 상대 부모와 '관계 사이의 공간'이 생길 수 있습니다. 그 공간에서 서로 존중하는 태도가 기적적으로 따라오게 될 것이고요.

둘째, 은숙씨의 경우는 지우를 늘 보살피고 함께 생활해야 하는 정남씨의 노고를 인정하고 정남씨의 양육관을 존중할 필요가 있습니다. 아이와의 일상생활을 유지하면서 아이를 책임지고 키우려면 일관된 훈육이나 규칙, 기준 같은 것이 중요하잖아요. 그러니 비동거친이 면접교섭을 위해 아이를 데려갔을 때도 가급적 평소 동거친이 아이에 대해 양육 내지 훈육하는 방식을 이해하고 존중하면서 최대한 따라주려는 노력도 필요한 것이지요.

하룻밤 속옷을 안 갈아입거나 양치를 안 한다고 큰일이 나는 것은 아니지만 가급적 양육친이 아이에 대해 유지하고 있는 일상적 규칙들을 존중하고 지켜준다면, 아이는 비록 부모가 이혼을 했음에도 자신을 위해 상대를 존중하려는 노력을 보고 부모의 사랑을 더 느끼고 부모의 인격을 더 존경하게 되지 않을까요.

그리고 셋째로, 은숙씨가 보인 "두 번 불이행했으니까 두 번 채워야 해"라는 태도는 마치 재산상 채권자처럼 구는 것인데요. 물론 은숙씨가 면접교섭권자로서 권리가 있는 것은 맞지만, 이 권리는 근본적으로는 자녀의 복리를 위해 자녀와 부모에게 주어지는 것이라는 점을 잊어서는 안 되지요. 아이의 최선의 이익을 최우선적 기준에 두고 면접교섭이 이루어져야 할 것을 고려한다면,

은숙씨가 채권자처럼만 굴 것이 아니라 은숙씨도 지우와의 관계에서는 의무자라는 것을 기억하고 양육친인 정남씨와 잘 협조할 필요가 있습니다.

아이가 아픈데 면접교섭을 강행하라고만 다그치는 것은 안 될 것이고, 그와 같이 불가피한 사정으로 못 했다면 추후에 아이의 상황과 형편을 보아가며 아이에게 적절한 시기와 방법을 다시 협의해야지, 민사상 채권자처럼 횟수를 채우라는 식으로 하면 안 될 것입니다.

넷째, 정남씨도 일방적으로 중단하거나 건너뛰는 것은 잘못이겠고 사정이 생기면 은숙씨와 협의를 잘 해야 할 것입니다. 특히 양육친이 자녀를 핑계로 면접교섭을 중단하거나 건너뛰는 경우, 시간, 장소, 방법 등을 일방적으로 바꾸는 경우가 있는데, 그러면 안 되고 비양육친을 존중하면서 사전에 상의하고 협의하려는 노력을 해야 합니다.

물론 비동거친 중에도 일방적으로 면접교섭을 거르거나 미루는 경우, 또는 갑자기 연락하거나 찾아가는 경우 등은 자녀와 양육친을 존중하지 않는 태도이니 지양해야 합니다. 아이는 자신이 중요하게 취급당하지 않는다고 느끼면서 자존감이 떨어질 수 있습니다.

다섯째, 정남씨처럼 면접교섭 동안 무엇을 했는지, 무엇을 먹었는지 꼬치꼬치 조사하는 것, 또는 비동거친의 경우에도 아이를 데리고 사는 부모를 염탐하는 태도로 이것저것 캐묻는 것은 모두 아이에게 큰 부담을 주는 행동이니 지양해야 합니다.

결국 나쁜 면접교섭인지 여부는 아이를 중심으로 놓고 생각해보면 알 수 있고 어떻게 피해야 할는지도 아이를 중심에 두고 방법을 고민해보면 알 수 있습니다. 면접교섭은 아이를 위해 하는 것이라는 것. 이것을 늘, 꼭 기억해야 합니다.

그 외에도 면접교섭과 관련해서 부모가 하면 안 되는 일들과 어떻게 하면 잘할 수 있는지, 대법원 '부모 홈페이지'에 게시된 〈면접교섭 가이드북〉에 유익한 내용이 많으니 꼭 보실 것을 권합니다.•

한 가지 걱정되는 것은, 이상 말씀드린 내용을 가지고 여러분 중에 혹시 상대 부모에게 "거 봐. 내가 그러면 안 됐지?"라고 싸움 거리로 쓰거나, 혹은 법원에 내는 서면에 "판사님, 피신청인은 하지 말아야 할 잘못을 하고 있으니 면접교섭을 제한해주십시오"라고 상대 부모를 공격할 빌미로 사용하는 분이 계실까 하는 것입니다. 아이가 가장 원하는 것은 부모가 싸우지 않는 것임을 꼭 기억해주세요.

어떤 경우에도 자녀의 최선의 이익을 기준의 최우선에 두고

• 다음 링크에서 내려받을 수 있습니다. https://parents.scourt.go.kr/pdf/Guide_of_interview_talks.pdf.

현명하게 자녀 양육을 하려고 애쓰시면서, 자녀를 위해 이혼한 상대와 양육 협력관계를 구축하고 원만하고 평온한 면접교섭을 위해 노력하는 부모님들께 경의와 응원의 박수를 보냅니다.

> 유엔 아동권리위원회,
> 〈일반논평 제14호: 아동의 최상의 이익 원칙〉(2013)
> 15문단(발췌)
>
> (f) 국가는 아동을 위해 일하거나 아동을 상대하는 전문가와 그 밖의 사람을 포함하여, 아동에게 직·간접적 영향을 미치는 결정을 내리는 모든 사람에게 제3조 제1항의 아동 최상의 이익 원칙 및 이것의 실제 적용에 관한 정보와 교육을 제공할 책무가 있다.

14장

양육비와 면접교섭, 그 애증의 역학

● **영숙씨의 양육비 청구 사건 심문기일** ●

"어쩜 아빠란 사람이 애 양육비를 단 한 번도 주지를 않았습니다. 애는 거저 키우는 줄 아는지, 학원비도 만만찮고 아이한테 들어가는 돈이 많은데 혼자서 정말 너무 힘이 듭니다."

"양육비를 못 받은 지는 얼마나 되었나요?"

"이혼한 지가 1년이 다 되어가니까 1년쯤 됐죠. 어떻게 아빠가 돼가지고 1년 동안 애 양육비 한 번을 안 줄 수가 있을까요."

"혹시 아이와 아빠 사이에 면접교섭은 잘 진행되고 있나요?"

"면접교섭이요? 그런 것도 안 합니다."

"그럼 아예 연락이 안 오나요?"

"몇 번 애 보여달라고 연락이 오긴 했는데 통장에 양육비 먼저 넣고 나서 전화하라고 했어요. 그 사람은 애 볼 자격도 없습니다."

• 상철씨의 면접교섭 청구 사건 심문기일 •

"협의이혼할 때 매주 일요일에 면접교섭을 시켜주기로 했었어요. 그런데 애를 안 보여줍니다. 얼마 전엔 아예 제 전화를 차단해놓은 거 같더라고요. 아이가 너무 보고 싶어요. 걱정도 많이 됩니다."

"아이를 마지막으로 만난 지는 얼마나 되셨나요?"

"지난 설날에 보고 그 후로 쭉 못 봤어요. 한 9개월쯤 되었나 봐요. 이래도 되는 겁니까. 양육권을 아예 찾아오고 싶어요."

"혹시 양육비는 계속 주고 계신가요?"

"아니 애도 못 보게 하는데 양육비는 왜 줍니까."

"그럼 양육비는 언제부터 안 주고 계신가요?"

"이혼하고 처음에는 힘들어도 양육비를 보냈습니다. 그런데 사업이 너무 힘들어져서 계속 보낼 수가 없어요."

"그러면 면접교섭을 못 해서 양육비를 안 보내시는 것은 아니시네요?"

"아니, 근데 왜 양육비 얘기를 자꾸 하는 겁니까. 편파적으로 양육비 얘기로 돌리지 말고 제가 청구한 면접교섭 결정이나 빨리 해주십시오."

양육비와 면접교섭 사건에서 볼 수 있는 흔한 장면입니다. 이혼 후 양육비 사건은 양육비를 청구하는 사건뿐만 아니라 이를 이행하지 않았을 때, 이행명령, 과태료, 감치를 청구하는 사건들도 있습니다. 마찬가지로 면접교섭 역시 면접교섭 청구 사건뿐만 아니라, 이행명령, 과태료 청구 사건들이 있습니다.

기우일 수도 있으나 혹시 오해하시지 않도록, 저 이야기들을 보실 때에 주의할 점부터 먼저 말씀드리고자 합니다. 영숙씨가 양육비를 못 받는다고 면접교섭에 불응하는 것은 절대 정당하지 않다는 것과 한편으로 영숙씨가 면접교섭에 불응하기 때문에 양육비를 못 받는 것 아니냐는 비난도 절대 옳지 않다는 것입니다. 또한 상철씨가 말한, 면접교섭을 안 시켜주니 양육비를 안 주겠다는 것 역시 옳지 않은 처사이고, 다른 한편, 상철씨가 양육비를 안 주었으니 면접교섭을 거부당한 것 아니냐고 비난하는 것 역시 절대 합당하지 않다는 것입니다.

즉, 양육비를 받지 못한다고 해서 면접교섭을 거부해서는 안 되고 면접교섭을 거부당했다고 해서 양육비 지급을 끊어서는 안 됩니다. 왜냐하면 양육비와 면접교섭은 이혼한 부와 모가 서로 상대방에 대해 내주거나 받는 거래나 무슨 무기 같은 것이 아니라, 바로 '자녀의 권리'이기 때문입니다. 부나 모는 자녀의 양육에 대해 의무만 있을 뿐 권리가 없습니다. 양육은 의무이지 권리가 아니고 기껏해야 지위나 권한에 유사한 법적 지위일 뿐입니다.

비양육친이 양육친에게 양육비를 제대로 지급하는 것은 자녀의 복리를 위한 자녀의 권리이고 국가는 이를 보장할 의무가 있습니다(아동권리협약 제27조). 자녀가 비동거친과 접촉하고 정기적으로 만나며 관계를 유지할 권리 역시 우리 민법과 아동권리협약상 자녀의 권리인 것입니다.

따라서 의무자인 부와 모가 권리자인 자녀의 권리를 가지고 상대방과 싸우거나 거래를 해서는 안 됩니다. 양육비 안 준다고 면접교섭에 협력하지 않거나 면접교섭을 거부한다고 양육비를 안 주어서도 안 되고, 서로 보기 싫다고 서로 양육비를 안 주고 면접교섭을 안 하기로 거래 따위를 해서도 안 되며, 그럴 수 있는 권리 같은 것 자체가 부모에게 없다는 말씀입니다.

너무 당연한 내용이지만 혹시 저 두 가지 이야기를 읽으며 오해하실 분이 계실까 하여 먼저 말씀을 드렸어요. 이제 저 이야기를 언급한 진짜 중요한 이유를 말씀드리겠습니다.

상대방에게 양육비를 못 받고 있어 경제적 어려움을 겪는 부모, 상대방에게 면접교섭 협력을 못 받아서 아이를 제대로 만나지 못해 괴로운 부모 입장에 한번 서보지요. 우선 상대나 자신에 대한 비난, 상대를 응징하고 싶은 마음은 잠깐 치워두고, '어떻게 하면 좀 현명하게 양육비를 잘 받을 수 있나' 또는 '어떻게 하면 면접교섭의 협력을 잘 받을 수 있나' 하는 방안을 찾는 관점에 서서 말씀드리고 싶습니다.

흔히들, 그리고 실제로 변호사 사무실에 찾아가 양육비나 면접교섭에 관해 상담을 해도 대체로는 제가 위에 언급해드린 법적 제도를 안내하고 그 절차에 착수하곤 합니다. 즉 '양육비는 못 받으면 심판 청구를 하면 된다. 양육비 심판을 받고도 이행을 못 받으면 그다음에는 이행명령, 그다음에는 과태료를, 그래도 못 받으면 감치를 청구하면 된다'는 겁니다. 면접교섭의 경우도 마찬가지로 심판 청구, 이행명령, 과태료 순으로 조치하면 된다고 하고요.

과연 그럴까요? 숱한 양육비, 면접교섭의 심판 청구와 이행명령, 과태료, 감치 사건을 처리해본 판사로서 말씀드리자면, "되긴 뭐가 됩니까?"라고 하고 싶은 심정입니다. 아이러니하게도 그러한 사건들을 담당하며 처리하는 판사이기 때문에 그러한 제도들의 실효성 또한 직접 경험하기 때문입니다.

양육비 지급과 면접교섭은 부모가 자녀를 생각하고 돌보고 사랑하려 하면 너무도 쉽게 저절로 되는 것이지만, 부모끼리 또는 자녀와의 '관계'가 깨어질 때는 아무리 심판문이 있고 강제조치 수단이 있어도 그것으로는 이행이 안 되고 설령 잘 해보려고 해도 너무나 어려운 것들이더군요. 양육비 심판문 아무리 받아도 상대는 통장에 돈을 넣지 않고, 결국 강제집행을 해야 하는데 그 역시 비용과 시간이 만만치 않으며 강제집행할 재산이 없거나 찾기 어려운 경우도 수두룩합니다. 그리고 면접교섭은 그 자체가 '강제적'으로는 할 수가 없는 것 아니겠습니까. 사람이 사람을 어떻게 강제로 만나게 하며 강제로 만난들 무슨 의미가 있겠냔 말이지요.

자, 그러하기에 앞서 영숙씨와 상철씨의 예를 보여드린 것인데요. 양육비 사건의 경우 심리해보면 면접교섭도 중단되어 있는 경우가 흔하고, 면접교섭 사건의 경우도 심리해보면 양육비 지급이 안 되고 있는 경우가 많더라는 것입니다. 여기서 닭이 먼저냐 달걀이 먼저냐를 따지는 것은 무의미합니다. '면접교섭 안 시켜주니까 양육비 안 주겠다' 또는 '양육비 안 주니 면접교섭 거부하겠다'로 가서도 안 되고, 상대나 자기를 비난하는 것도 다 부질없는 것입니다.

오직 한 가지, '양육비 지급률을 높이려면 면접교섭도 살펴야 하고, 면접교섭이 원만해지게 하려면 양육비 지급을 살펴야 한다는 것'. 여기에만 유의해서 포커스를 맞추어봅시다. 양육비 지급을 안 하는 상대 부모에게는 더욱 적극적으로 아이와 만나게 하고 시간을 보내게 할 필요가 있습니다. 면접교섭을 거부하는 상대 부모에게는 더욱 성실하게 양육비를 챙겨서 보내려 애써야 할 것이고요.

좀 더 풀어 말씀드리면, 비동거친이 자녀와 자주 연락하고 만나고 시간을 함께 보내다 보면 아이의 생활과 필요를 잘 알게 되고 경제적 소요나 어려움도 잘 알 수밖에 없게 됩니다. 부모가 아이를 사랑하면 아이에게 필요한 경제적 지원을 안 할 수가 없는데 '눈에서 멀어지면 마음에서 멀어지는 것' 아니겠습니까. '자녀와 함께 보내는 시간'은 부모의 사랑을 샘솟게도 하고, 부모가 자녀를 사랑한다는 증표이기도 합니다. 자녀를 사랑하는 마음이 커지면서 자연스레 자녀를 위해 양육비를 지급할 마음도 커질 수 있다는 것이죠.

실제로 '한부모가족실태조사'를 통해 정기적인 면접교섭 비율이 높을수록 양육비 지급률과 지급 금액이 높다는 점을 밝힌 연구도 있습니다.[*] 그리고 이혼 후 정기적인 면접교섭, 또는 비정기적일지라도 꾸준히 면접교섭이 이루어지고 있는 경우는 대부분 양육비 지급이 제대로 또는 꾸준히 이루어지고 있는 경우가 많습니다.

2014년에 제정된 양육비 이행확보 및 지원에 관한 법률은 이러한 면접교섭과 양육비 지급의 관계를 미처 알지 못했고, 단지 이행확보조치로서 재산조회, 직접지급명령, 담보제공명령, 이행명령, 압류·추심·전부명령, 그리고 감치에 대해서만 규정했을 뿐이었습니다. 그러나 이러한 재산적·강제적 조치들의 실효성에 대한 의문들과 함께, 양육비는 일반적인 재산관계의 채무가 아니라

---

[*] 박복순, 〈「한부모가족실태조사」를 통해 본 양육비 이행실태 및 개선방안〉(KWDI 이슈페이퍼), 한국여성정책연구원, 2021.

근본적으로 자녀와 부모 간의 '관계'에 관한 것으로, 비양육친과 자녀와의 관계가 단절되면 양육비도 끊기고 관계가 이어져 있으면 저절로 양육비 지원이 계속되는 속성이 있다는 점에 대한 사회적 인식이 생기면서 '면접교섭'에 관한 조항이 위 법에 들어갔습니다.

즉, 2018년 개정으로 양육비 이행을 지원하는 양육비이행관리원의 업무에 '면접교섭 지원'을 추가하였습니다. 실제로 양육비이행관리원은 2017년부터 면접교섭 지원 업무를 실시해왔고 매년 면접교섭 지원 서비스 참여자가 늘고 있는데, 그와 연동하여 양육비 이행률도 높아지고 있고 특히 면접교섭 참여자의 양육비 이행률이 높아지고 있다고 합니다.•

양육비와 면접교섭은 결국 부모의 자녀에 대한 양육 비용의 분담과 양육 시간의 분배입니다. 이혼은 부부 관계만 끝낼 뿐 부모와 자녀의 관계는 이혼 후에도 계속되는 것이고, 따라서 이혼 부모의 관계 역시 이혼 후에는 사랑하는 자녀의 양육을 위해 협력해야 할 파트너 관계로 변화해 지속되는 것입니다. 이러한 '부모 간의 양육 협력관계'가 제대로 기능하지 못하거나 '따로 사는 양쪽 부모와 자녀 간의 관계'가 악화 또는 단절되는 경우, 그 결과

• 여성가족부, 〈자녀의 면접교섭 서비스를 지원할 기관을 찾습니다〉(보도자료), 2020년 1월 29일, https://www.mogef.go.kr/nw/rpd/nw_rpd_s001d.do?mid=news405&bbtSn=706825.

물로서 양육비 지급이 안 되고 면접교섭 이행도 제대로 안 되는 것이지요.

따라서 양육비와 면접교섭은 그 각각을 강제이행하려는 방식으로는 절대 해결되지 않습니다. 우선 근본적으로 이혼 부모 간의 양육 협력관계를 재구축하고 비동거친과 자녀 간의 관계를 회복해서 그 결과물로서 자연스레 양육 비용의 분담과 양육 시간의 분배가 이루어지게 해야 하며, 양육비 부지급과 면접교섭 불이행의 악순환에 빠지지 않도록 미리 그 둘의 기능적 선순환 관계를 형성·유지함이 꼭 필요합니다.

이혼을 하면서 많은 부모님들이 이 어려운 과제들을 잘 수행해내고 계신 것을 압니다. 아직은 적응이 안 되고 미숙하여 이 과제를 힘겹게 이루어가고 계신 부모님들도 오직 자녀에 대한 사랑으로 결국은 조만간 잘해내게 되실 것으로 믿고요. 이혼으로 새로운 형태의 가족관계와 생활을 통해 더 나은 삶을 만들어가고자 애쓰는 수많은 부모님들과 그 자녀들에게 응원의 박수를 보내고 행운이 함께하기를 빕니다.

유엔, 아동권리협약 제18조 제1항

당사국은 부모 쌍방이 아동의 양육과 발전에 공동 책임을 진다는 원칙이 인정받을 수 있도록 최선의 노력을 기울여야 한다. 부모 또는 경우에 따라서 후견인은 아동의 양육과 발달에 일차적 책임을 진다. 아동의 최선의 이익이 그들의 기본적 관심이 된다.

유엔, 아동권리협약 제27조

1. 당사국은 모든 아동이 신체적·지적·정신적·도덕적 및 사회적 발달에 적합한 생활수준을 누릴 권리를 가짐을 인정한다.
2. 부모 또는 기타 아동에 대하여 책임이 있는 자는 능력과 재산의 범위 안에서 아동 발달에 필요한 생활여건을 확보할 일차적 책임을 진다.
3. 당사국은 국내 여건과 재정의 범위 안에서 부모 또는 기타 아동에 대하여 책임있는 자가 이 권리를 실현하는 것을 지원하기 위한 적절한 조치를 취하여야 하며, 필요한 경우에는 특히 영양, 의복 및 주거에 대하여 물질적 보조 및 지원계획을 제공하여야 한다.
4. 당사국은 국내외에 거주하는 부모 또는 기타 아동에

> 대하여 재정적으로 책임있는 자로부터 아동 양육비의 회부를 확보하기 위한 모든 적절한 조치를 취하여야 한다. 특히 아동에 대하여 재정적으로 책임있는 자가 아동이 거주하는 국가와 다른 국가에 거주하는 경우, 당사국은 국제협약의 가입이나 그러한 협약의 체결은 물론 다른 적절한 조치의 강구를 촉진하여야 한다.

아빠의 '여친', 엄마의 '남친', 그리고 새로운 관계들

어느 면접교섭 청구 사건의 '상대방'(비송사건의 원고는 '청구인', 피고는 '상대방'입니다)이었던 은영씨에 대한 첫인상은 '좋은 엄마가 되려고 정말 열심히 노력하는 사람'이었습니다. 다섯 살 딸 지연이와 세 살 아들 지수, 그 어린아이 둘을 혼자 키우며 일하며 번 돈 대부분을 아이들에게만 쏟아붓는 엄마였어요. 아이들 먹거리에 세심히 신경 쓰는 것은 물론, 교육에 관심이 많아서 아이에게 좋다는 교재나 책, 장난감이라면 아낌없이 사주었어요. 은영씨 벌이로는 어림없었지만 다행히 가까이 사는 친정 부모님 도움을 받을 수 있었기에 열심히 노력하며 하루하루 아이들만을 위해 살아가고 있다고 말하더군요.

은영씨는 전남편이었던 철수씨가 번번이 직장을 그만두고 몇 달씩 수입이 없는 것은 그렇다 치고, 은영씨 몰래 야금야금 빼서 쓴 대출금과 카드 빚이 눈덩이처럼 불어나 어느 날 들통이 나자 아이들의 미래를 위해서라도 철수씨와는 더 이상 희망이 없다고 생각하고 이혼을 단행해버렸던 터였어요.

경제적으로 무능했던 철수씨가 가정에서 집안일을 나누고 아이들을 잘 돌보았느냐면 그런 것도 아니었습니다. 철수씨가 벌이도 없이 집에 있을 때도 게임하는 시간이 대부분이었죠. 아마도 그래서 은영씨가 어린아이가 둘이나 있었음에도 이혼을 결심하기 쉬웠던 것 같고, 은영씨에게 면목이 없던 철수씨는 은영씨가 하자는 대로, 원하는 조건을 모두 들어주며 협의이혼에 응해주었습니다.

그 조건이란 철수씨에게 위자료니 재산분할이니 청구하지 않을 테니, 아이들은 은영씨가 알아서 키우게 놔두고 '깨끗이 헤어지자'는 것이었어요. 양육비도 받지 않을 테니, '눈앞에 나타나지 마라'는 것이었지요. 결혼생활 동안 은영씨 말을 하나도 안 듣던 철수씨는 이혼 뒤 '나타나지 마라'는 말은 잘 들었습니다. 한동안뿐이었지만요.

그러는 동안에 은영씨는 아이들만을 위해 열심히 살면서 아이들에게 '이혼에 대한 미안함과 죄책감'을 가졌던 것 같아요. 이혼을 아이들에게 '좋은 가정', '좋은 아빠'를 주지 못하고 실패한 것이라고 여겼고, 그래서 '꼭 좋은 아빠를 만들어주리라'는 생각이 은영씨의 근저에 자리 잡혔습니다. 그리고 얼마 지나지 않아

정말 신기하게도 좋은 인연을 만나게 되었고요.

은영씨의 직장 동료였던 성찬씨는 성실한 사람이었는데 은영씨의 모든 사정을 알고도 오히려 아이들 키우며 열심히 사는 모습에 반했고 은영씨를 도와, 아니, 은영씨와 함께 아이들을 키우면서 가정을 꾸리고 싶어 했습니다. 은영씨는 성찬씨와 금세 가까워졌고 성찬씨가 집에 드나들자 아이들에게 성찬씨를 '아빠'로 칭하게 하며 지냈어요. 은영씨는 성찬씨와 결혼 생각을 했고 결혼하고 나면 아이들 성을 성찬씨와 같은 성으로 바꾸려는 생각까지 하고 있던 참에, 그 무렵 갑자기 철수씨가 면접교섭 청구라는 것을 해온 것이지요.

은영씨가 눈물을 훔치며 말하는 모습은 참 서러워 보였는데, 왜 열심히 살아보려는 나에게 이런 불행이 자꾸 생기는가 하는 심경으로 담당 판사인 저에게 "제발 판사님이 도와주셔서 우리 애들이 좋은 아빠와 잘 살 수 있게, 제발 좀 부탁드립니다"라고 호소했습니다. 그러면서 덧붙인 말들은 정말 놀라웠는데, 철수씨의 면접교섭 청구를 기각해달라면서, "아이들에게 이혼으로 상처를 주고 싶지 않아서 이혼 얘기를 하지 않았고, 지금 아빠(성찬씨를 말하는 것이었어요)를 아빠로 알고 있으니 제발 그냥 이대로 살게 해주세요"라는 것이었어요.

대체 이게 무슨 말인지, 이혼 얘기를 안 한 것은 그렇다 치더라도 어떻게 아빠를 다른 사람으로 알 수 있다는 것인지, 당시 세 살이었던 지수는 혹시 잊을 수도 있다 쳐도 다섯 살이나 되었던 지연이는 아빠에 대한 기억이 있었을 것인데 어떻게 엄마가 새로 만난 성찬씨를 아빠로 알 수 있다는 것인지, 도무지 이해가 가지 않았습니다. 아이들을 너무나 사랑하고 아이들만을 위해 열심히 사는 이 엄마는 도대체 아이들에게 무슨 짓을 했고 또 하고 있었던 것일까요.

여러분 중에는 과연 이런 황당한 사람이 있겠는가 생각하는 분들이 계시겠지만(물론 '충분히 이해가 간다', '오죽하면 그렇게 하겠는가' 생각하실 분들도 많을 것입니다만), 가사 재판을 하다 보면 가끔 만나는 분들입니다. 우리 사회가 아동의 권리에 대해 집단적으로 무지하기 때문에 아직까지도 은영씨 같은 생각을 하시는 분들이 상당하다고 봅니다. 여기에 관련된 '아동의 권리'란 과연 무엇을 말하는 것일까요.

아이들은 누가 됐든 소위 '좋은 엄마' 또는 '좋은 아빠'가 '제공'되어서 잘 키워주기만 하면 되는 존재가 아닙니다. 친부모가 누구인지 알고 친부모로부터 양육받을 권리 자체가 아동의 권리이고(아동권리협약 제7조) 이혼으로 한쪽 부모와 별거하게 되더라도 아이들은 별거 부모와 계속 접촉하고 관계를 유지하며 정기적으로 만날 권리가 있습니다(아동권리협약 제9조 제3항).

세 살 지수, 다섯 살 지연이 역시 위와 같은 아동의 권리가 있고, 비록 어린아이지만 자신들을 둘러싸고 벌어지는 일들에 대해서 그 연령과 발달 수준에 맞게 정보를 제공받고 알 권리, 그에 관해 자신의 의견을 표현할 권리, 그 의견이나 마음을 표현할 수 있는 실질적인 기회를 제공받을 권리가 있습니다(아동권리협약 제12조).

그리고 무엇보다도 지수와 지연이는 그들에게 관련된 사안에 관하여 아동 최선의 이익, 즉 우리 민법상으로는 '자(子)의 복리'를 최우선적으로 고려받을 권리가 있습니다(아동권리협약 제3조, 양육에 관해서는 민법 제837조, 제843조). 은영씨가 지수, 지연이를 사랑하는 마음과 이를 위해 노력하는 열심은 온 우주에서 비견할 것이 없을 만큼 진실되고 큰 것입니다. 하지만 우리 사회가 이혼 가정 자녀에 대해 어떻게 조처하는 것이 바람직한지에 대해 너무나 무지하다 보니 그에 대한 올바른 정보나 지식이 없던 은영씨는 결국 사랑하는 지수, 지연이의 최선의 이익 또는 자의 복리에 반하는 비극적 결과를 낳은 것이 아닐까 합니다.

어디에서부터 꼬인 것일까요. 하나씩 살펴보면서 또 관련되는 것들을 추가해서 언급해보겠습니다.

우선 첫째로는, 이혼할 때 자녀가 아무리 어려도 그 연령과 발달 수준에 맞게 부모의 이혼 사실과 이혼 이후의 삶에 대해서 알려주었어야 합니다. 지수와 지연이의 눈높이에 맞게, 엄마와 아빠가 이혼으로 따로 살게 되어서 지수와 지연이는 엄마와 살지만 아빠와는 언제든(가급적 정기적으로) 만나고 연락할 수 있는 관계로 지내게 된다는 것을 말해주었어야 하는 거죠.

따라서 둘째로, 아빠와 면접교섭을 하지 않기로 하는 양육협의는 해서는 안 되는 것이고, 철수씨는 당연히 양육비 분담과 면접교섭, 즉 양육 시간을 분담해야 하기 때문에 이에 관한 제대로 된 양육협의를 했어야 했죠. 이는 민법 제837조, 제843조에 명시된 법적 의무입니다. 단순한 권장사항이 아니라 부모의 법적 의무이기 때문에 이를 이행하지 않는 부모는 자녀에 대해 위법한 행위를 하는 것이고 자녀의 권리를 침해하는 것입니다.

셋째로, 이혼 후에 부모들이 각각 새로운 연인 관계를 맺을 수 있고 소위 '남친', '여친'에서 더 나아가 재혼 배우자로 관계가 발전할 수 있습니다. 그러나 그렇다고 해서 부모가 이혼하면 자녀도 한쪽 부모와 마치 이혼하듯 결별하고, 부모가 재혼하면 자녀도 부속품처럼 그 결혼에 딸려 가는 것이 아닙니다. 자녀도 독립된 인격체이고 권리주체로서 아동의 권리를 가지므로, 부모 자신의 혼인 및 이혼 문제와 부모 자녀 관계의 문제는 구분하고 분리해서 보아야 합니다.

이혼한 아빠의 애인, 나아가 재혼해서 법적 아내가 되었다고 해도 그녀는 아빠의 애인이나 아내일 뿐, 자녀의 엄마가 곧바로 될 수 없습니다. 마찬가지로 이혼한 엄마의 애인, 재혼한 남편 역시 엄마의 애인이나 남편일 뿐, 자녀의 아빠가 곧바로 될 수 없고요. 특히 갑자기 애인을 데려와 자녀에게 소개하면서 '앞으로 엄마다' 혹은 '앞으로 아빠가 될 거다'라고 하는 것은 자녀들에게 해로운 영향을 줄 소지가 큽니다.

즉, 네 번째로 언급하고자 하는 것이 바로 이와 같이 이혼한 부모가 애인을 자녀에게 소개할 때 해로운 영향을 주지 않기 위해 주의해야 할 점들인데, '천천히' '서두르지 않고' 진행하는 것이 가장 우선이라고 전문가들은 입을 모읍니다. 연령과 발달 수준, 개별 기질이나 성격 등에 따라 다소간의 차이가 있을 수 있지만, 자녀들이 친엄마, 친아빠가 아닌 제3자를 엄마 또는 아빠가 사귀게 되는 것 그 자체가 충격이나 놀라움이 될 수 있다고 합니다.

경우에 따라서는 자녀가 부모의 애인을 싫어하거나 미워하는 등 극심한 부정적 감정이나 태도를 보이는 경우도 있을 수 있고, 반대로 지나치게 잘 보이려고 애를 쓰거나 '맘에 드는 착한 아이'처럼 굴어야 할 것 같은 압박을 받기도 한다고 하네요. 부모가 의도하거나 강제하지 않아도 말이지요. 그리고 때로는 엄마나 아빠를 빼앗겨버린 것 같은 상실감이나 또는 그와 관련된 질투심을 갖는 경우도 있다고 합니다.

그것이 어떤 감정이든 자녀는 친부모가 이혼으로 분리되는 것과 그 후에 각각 다른 연인 관계가 생기는 것을 보는 과정 자체에서 여러 가지 마음이 들 수 있고 때론 다루기 힘든 정서 상태를 경험하게 될 수 있으므로, 부모는 이를 배려하고 살피면서 신중히 조심스레 아이들에게 애인을 소개하고, 시간을 두고 서두르지 않으면서 관계의 추이를 지켜보며 천천히 좋은 방향으로 갈 필요가 있습니다.

다섯째, 그러한 경우에도 친부와 친모의 원래 자리를 굳이 새 사람으로 대체해주려고 할 필요가 없을 뿐 아니라, 그래서도 안 되고 그럴 수도 없습니다. 소위 '대체형 모델'의 계부모 자녀 관계 내지 재혼 가족보다는 자녀를 중심으로 동거 부모든 별거 부모든 그들의 새로운 파트너를 유연하게 받아들이면서 느슨하더라도 '연쇄·확장되는 네트워크형 모델' 또는 '계속형 모델'이 자녀로 하여금 저항이나 갈등으로 인한 스트레스를 덜 겪게 하고 편안한 가족 관계를 맺거나 유지하게 하는 데 도움을 준다는 연구 결과도 있습니다.•

부모가 신중하게 시간을 가지면서 자신의 파트너를 자녀에게 소개하고 관계를 가꾸어갈 때, 대부분의 건강한 아이들은 자신의 부모를 포함한 성인들의 결혼과 이혼, 또 그 후에도 이어지는 만남이나 헤어짐 등에 대해 자연스럽게 이해하고 성숙하게 수용

• 다음을 참조. FPIC, 〈支援の現場で「ステップファミリー」という名称を使う意味: 子どもの視点に立った離婚・再婚観のパラダイム転換〉,《ふぁみりお》第84号, 2021. 10. 25., https://fpic-fpic.jp/doc/familio/familio084.pdf#page=1.

할 줄 알게 됩니다. 그러한 과정이 없었더라면 가질 수 없었을 인생과 현실, 인간관계에 대한 풍부한 이해와 유연한 사고도 갖출 수 있게 되는 것이고요.

은영씨의 이혼은 삶의 한 과정일 뿐 결코 실패가 아니고 자녀에게 미안해할 잘못이 아닙니다. 꼭 '정상가족' 판타지를 채울 수 있는 형태의 가족만이 자녀에게 좋은 가정이라는 생각은 편향된 것이고요. 오히려 자녀에게 부담을 줄 수 있는 해로움으로 작용할 수도 있습니다. 은영씨는 주어진 상황에서 나름의 최선을 다하고 최선의 선택을 해왔으니 자녀들은 그것으로 충분히 잘 자랄 것입니다.

우리 사회의 많은 은영씨들이 자녀를 키우는 문제에서 자신감을 가지고 좀 더 당당했으면 합니다. 안심하고 좀 더 현실에 직면하여 있는 그대로 살아가도 된다는 걸 알았으면 합니다. 그럼으로써 자녀들이 질곡 없고 오히려 삶에 대한 더욱 깊은 이해와 통찰을 가진 훌륭한 사람으로 잘 클 수 있기를 기원합니다.

유엔 총회, 아동 대안양육에 관한 지침(2009)

14. 가정에서 아동을 분리시키는 것은 가장 최후의 수단이어야 한다. 아동이 가정과 분리될 경우, 이는 가능한 한 일시적이고 단기적으로 이루어져야 한다. 분리에 대한 결정을 규칙적으로 심사해야 하며 (후략).

15. 재정적, 물질적인 빈곤이나 그와 직접적으로 연관된 상황이 아동을 부모의 보호에서 분리 또는 대안양육을 받게 하거나 재결합을 막는 유일한 정당화 사유로 사용되어서는 안 된다. 그 대신 이는 가정에 적절한 지원을 제공하기 위한 필요성을 나타내는 신호로 간주되어야 한다.

32. 국가는 가족이 아동에 대한 책임을 다할 수 있도록 지원하고 아동이 양쪽 부모 모두와 관계를 가질 수 있는 권리를 증진하는 정책을 추구해야 한다. (중략) 아동의 유기, 포기 및 가족으로부터의 분리 등 그 근본 원인을 해결해야 한다.

33. 국가는 부모가 자녀를 돌보는 능력을 증진하고 강화하기 위해 고안된 일관되고 상호 강화된 가족 중심 정책을 개발하고 시행해야 한다.

- 유엔은 2009년 제64차 총회를 통해 '아동 대안양육에 관한 지침(Guidelines for the Alternative Care of Children, A/RES/64/142)'을 채택했다.

재혼 가정의 면접교섭

"재혼해서 우리 가정이 있는데도 계속 면접교섭을 시켜줘야 되나요?"

찬성씨는 애써 질문처럼 포장했지만 그 표정과 말투에서 이미 아이들과 친모 혜수씨의 면접교섭을 '시켜줄' 생각이 없다는 것이 느껴졌어요. 그리고 법원에서 면접교섭을 권하는 데 대한 불만의 뜻도 충분히 알 수 있었고요.

"아버님!"

찬성씨를 보며 원래는 '피신청인'이라고 불러야 하지만, 전처 혜수씨와의 2라운드 싸움을 면접교섭전(戰)으로 벌이고 있는 현실을 굳이 환기시켜서 더 날이 서게 할 필요가 없지 않을까 하여, 저는 마치 학교 선생님이 학부모 면담하듯이 '아버님'이라고 한 글자씩 눌러 부르고는 이어 말했습니다.

"면접교섭은 아버님이 '시켜주고 말고' 할 수 있는 것이 아니라 아이들의 권리이고요. 아이들에게는 '우리 가정'에 아버님과 새엄마만 있는 것이 아닙니다. 친엄마도 아이들에게는 '우리 가정'이에요."

그러자 이제는 그 옆에 앉아 있던 찬성씨의 재혼 배우자 유진씨가 또 질문으로 포장된 항의를 합니다.

"지금 우리끼리는 아이들이 너무 잘 지내고 있는데 그래도 굳이 면접교섭을 해서 애들에게 혼란을 줘야 하나요? 그리고 면접교섭 한번 하려면 애들도 스케줄이 다 깨져서 싫어하는데 아이들 의사도 존중해주어야 하지 않나요? 저는 애들 엄마 만나라, 만나라 하지, 한 번도 못 만나게 한 적이 없어요. 그런데도 지금은 애들이 안 만나겠다고 그러는 거예요. 아이들 의견도 무시하고 강제로 만나게 하는 게 면접교섭인가요?"

그 옆에서 찬성씨도 시종 고개를 끄덕이며 유진씨의 말에 힘을 보태주었습니다.

"지금 '관계인'께서 하신 말씀은"이라고 유진씨의 절차상 지위를 환기시키면서 제가 말을 이어갔지요.

"그래도 아버님과 관계인께서 재혼 가정을 잘 가꾸고 계시고 또 아이들 의사를 잘 존중하려고 노력하고 계시다는 것으로 보여 참 훌륭한 것 같아요. 하지만 예컨대 아이들이 '학교 가기 싫어'라고 말한다고 곧바로 '그래, 학교 가지 마라. 너의 의사를 존중해줄

게'라고 하진 않잖아요. 왜 학교를 가기 싫다고 하는지, 학교생활에 무슨 문제나 어려움이 있는지, 어떻게 하면 학교를 기꺼이 가게 할 수 있을지 등등 아이와 대화를 충분히 나눠보지요. 그리고 아이의 학교 가기 싫은 문제를 잘 해결해서 아이를 다독이고 결석하지 않게 보내 잘 적응하도록 할 방법을 찾아보겠지요. 그렇게 해서 학교를 원만히 잘 다니게 하는 것이 대체적으로 아이의 복리에 부합하니까요. 아이의 의사를 존중한다는 건 아이가 학교 가기 싫다고 말하는 것에 진지하게 반응해서 잘 들어주고 함께 그에 대한 좋은 해결 방안을 찾아주는 것을 의미하는 것이고요. 그와 마찬가지로 아이들과 친엄마 간의 면접교섭에 대해서도 같은 방식으로 대응하는 것이 아이들의 복리에 부합할 겁니다. 재혼 가정의 아이들에게 많이 나타나는 '충성 갈등'에 의한 표면적 거부 의사에 기계적으로 따르면 안 되고요."

제 딴에는 가능한 한 알아듣기 쉽게 설명해드린다고 길어진 말에 찬성씨와 유진씨의 얼굴은 오히려 더 마뜩잖은 표정으로 구겨져 갔습니다. '저 판사는 뭐 알지도 못하고 따박따박 맞는 말이랍시고 길게 늘어놓나' 싶은 모양으로 말이죠.

"우리는 그런 상황이 아니고요." 찬성씨는 답답한지 입을 다물어버렸지만 유진씨는 몸을 당겨 앉으며 반박했습니다. "원래도 애들 엄마가 면접교섭을 제대로 안 해서 애들이 이제는 싫어하는 거예요. 애들도 학원이다 뭐다 스케줄이 있는데 일방적으로 시간을 정하고 막상 약속을 안 지키고 맘대로 연락도 없이 늦거나 또 막 변경하고요. 그러니까 애들도 피곤해서 엄마 안 보겠다고 하는 거라고요."

이쯤 되니 혜수씨도 더 이상은 참지 못하고 나서서 한마디를 합니다. "판사님, 제가 전화하면 받지도 않고 문자를 보내도 전혀 답장을 안 하는데 제가 뭘 일방적으로 할 수 있겠어요. 한 달에 한 번 겨우 볼 때도 애 학원 보충수업 핑계로 애들을 못 만나게 합니다. 벌써 애들 못 본 지 네 달도 넘었어요. 이럴 거면 차라리 애들을 제가 키우고 싶어요. 저쪽은 자기들끼리 살면 되잖아요."

위의 대화는 제가 담당했던 어느 재혼 가정의 면접교섭 사건에서 진행되었던 내용을 재구성한 것인데요. 이혼 후 재혼은 자연스러운 일이고, 전처와 전남편 간에, 더구나 한쪽이 재혼까지 한 마당에 의사소통이 원활하지 않고 오해나 분쟁이 생기는 것 역시 충분히 있을 수 있는 일이기에 위와 같은 형태로 면접교섭을 둘러싸고 양육 분쟁이 전개되는 일은 드물지 않습니다.

그러면 도대체 이혼 후 재혼이란 것과 아이들을 전처 또는 전남편과 계속 면접교섭하게 하는 것을 어떻게 양립시킬 수 있을까요. 정말 면접교섭이 이렇게 어렵다면 과연 재혼에도 불구하고 면접교섭을 꼭 해야 하는 걸까요. 아이들이 혼란스러워하는 것, 분쟁에 계속 노출되는 것, 또는 재혼 가정의 안정이 방해되는 것보다는 차라리 면접교섭을 안 하고 각자 따로 평안하게 사는 것이 낫지 않을까요.

이러한 질문들에 대해서 "그렇지 않다"는 말씀을 분명히 먼저 해놓고, 재혼 가정의 면접교섭 이야기를 해야 하겠습니다. 양육 부모의 재혼이건, 면접교섭 부모의 재혼이건, 재혼 그 자체가 면접교섭 중단 또는 거부 사유가 될 수 없고 되어서도 안 된다는 전제를 먼저 못 박고자 합니다.

왜냐하면, 앞서 본 찬성씨나 친모 혜수씨, 새엄마 유진씨의 경우, 그리고 유사한 많은 부모님들이 쉽게 간과하고 계신 것이 바로 '면접교섭은 자녀의 권리'라는 사실입니다. 즉, 자녀는 부모로부터 양육받을 권리가 있고 여하한 사정으로 한쪽 또는 양쪽 부모와 떨어져 살게 되더라도 그 부모와 연락하고 정기적으로 만나며 그 관계를 유지할 권리가 있습니다. 이는 우리 민법 제843조, 제837조에 명시되어 있을 뿐 아니라, 헌법 제6조에 따라 국내법과 동일한 효력이 있는 유엔 아동권리협약 제18조와 제9조에도 구체적으로 규정되어 있습니다.

따라서 면접교섭은 양육 부모라고 해서 그것을 '시켜주고 말고' 할 권한이 있지 않고 면접교섭 부모라고 해서 '해도 좋고 안 해도 그만인' 선택 사항이 아닌 것이지요. 이혼 부모 모두 상대가 자녀와 정기적으로 만나고 관계를 유지하면서 아이가 상대 부모에게서도 충분한 양육 시간을 제공받을 수 있도록 해야 합니다.

그것을 위해 상호 여건과 상황을 조성하고, 또 그에 필요한 협력 관계를 구축해야 할 '의무'가 있다는 말입니다. 그 의무는 '권리자'인 자녀를 상대로 부모 쌍방에게 지워져 있다는 말이고요.

그러니 그중 한쪽이 재혼한다고 해서 그 법적 의무가 변화할 하등의 이유가 없습니다. 양육자의 재혼이 자녀로 하여금 양육자의 새 배우자를 '새엄마' 또는 '새아빠'로 받아들이게 할 사유가 되지 못하고 이를 강제할 권한이 양육자에게 있지 않을 뿐더러, 그러한 관계를 아이들에게 강요해서는 안 됩니다. 엄마나 아빠는 '대체'할 수 있는 것이 아니기 때문이지요. 나에게 좋지 않은 배우자였다 해서 아이들에게도 나쁜 엄마 또는 아빠라고 치부해서는 안 되고(실제로 배우자로서는 좋지 않더라도 아이들에게는 좋은 부모님들이 많습니다), 설령 아이들에 대해서 실제 썩 좋은 부모가 아니라고 하더라도 함부로 이를 '갈아치울' 수 있는 것처럼 대해서는 안 된다는 것이지요. 좋든 나쁘든 그가 아이들의 유일한 친부 또는 친모니까요.

그리고 면접교섭자의 재혼 역시 그 스스로 전혼 자녀의 면접교섭을 포기할 사유나 양육자에 의해 면접교섭을 중단 또는 거절당할 사유가 되지 못합니다. 왜냐하면 다시 반복하지만, 면접교섭자는 자녀에 대해 '의무자'이고 양육자도 자녀에 대해 '의무자'이기 때문이지요.

채무자들이 모여서 채권자를 앞에 놓고 '나는 채무 갚기를 포기하겠다'거나 '상대의 채무는 포기시키겠다'고 할 하등의 권한이 없다는 것입니다. 오로지 채권자만이 '내 채권을 포기하겠다'는 말을 할 수 있는 '권리'가 있는데, 다만 여기서 아동은 부모와의 면접교섭에 대해서는 자신의 복리 또는 아동 자신의 최선의 이익에 반하는 경우에만 중단 또는 제한될 수 있는 것이기에 실상은 아동 자신도 함부로 포기할 수 없는 성격의 권리인 것입니다(예를 들어 아이가 스스로 초등교육을 받을 권리를 포기하겠다고 하더라도 우리는 그 아이를 위해서 초등학교에 보내는 것과 같은 이치입니다). 결국 자녀의 부모에 대한 면접교섭권, 다시 말해서 이혼하고 따로 사는 부모로부터도 충분한 양육 시간을 제공받을 자녀의 권리는 양쪽 부모는 물론 자녀 그 자신도 포기할 수 없는 권리인 것입니다.

그러면 어떻게 해야 할까요. 우선은 이혼 과정(이때부터 별거하는 경우도 많으므로) 및 이혼 직후부터 자녀가 비동거 부모에게서도 충분한 양육 시간 확보, 즉 면접교섭을 할 수 있도록 양육자와 비동거 부모가 양육 파트너로서의 협조적 관계를 구축해야 합니다. 그러다가 어느 한쪽이 재혼하는 경우에 '양육자의 배우자' 또는 '비동거 부모의 배우자' 역시 자녀의 양육에 자연스레 관여할 수밖에 없게 되는 상황이라면, 그 배우자들도 자녀에 대한 '확장된 양육 네트워크' 안에 느슨하게 들어오면 족합니다.

즉, 그 배우자들은 재혼한 '배우자의 동거 자녀를 함께 돌보는 사람' 또는 '배우자의 면접교섭 자녀를 함께 만나서 시간을 함께 보낼 수밖에 없게 되는 사람'으로서 그 선에서 자녀들과 관계를 맺으면 됩니다. 배우자의 전처 또는 전남편에게도 필요 최소한도의 협조적 태도를 취하면서요. 친하게 지내라는 말이 아니라 자녀의 면접교섭을 위해 연락을 주고받고 자녀가 왕래하는 데 필요한 지원을 원만히 할 수 있어야 한다는 뜻입니다. 그러한 형태로 그 어른들 모두가 필요한 최소한도의 협력을 하면서 느슨하게 연결되어 있는 양육 네트워크로서 한 자녀를 돌보며 키우면 됩니다.

어른이라면 직장 동료나 상사, 거래처 사람, 기타 업무상 필요한 사람들과 아무리 싫어도 비즈니스 관계에서 개인적 감정을 이유로 관계를 끊지는 않지요. 하물며 자녀 양육은 어떤 비즈니스보다도 중요한 것일 텐데요. 자녀를 둘러싼 중요한 관계들에 대해서도 어른이라면, 특히 자녀를 사랑하는 부모라면 자녀 양육을 위해 충분히 협조적인 관계를 상호 유지하며 지낼 수 있습니다. 실제로 그러한 이혼 부모님들을 많이 보았고요.

이와 같은 소위 '확장형 모델'이 종래 재혼 가정의 '대체형 모델'보다는 더욱 성숙하고 건강하며 여러 의미에서 실패할 가능성도 적다고 학자들은 말합니다.

큰 아이들의 경우 재혼한 부모의 배우자에게 '엄마'나 '아빠'라고 부르게 하면 그 말이 안 나오는 경우가 많고 그것 자체가 재혼 가정에서 갈등의 씨앗이 될 수 있으니 아이들에게 자연스럽게 맡기는 것이 좋습니다. '아줌마'나 '아저씨'라고 부르더라도 섭섭해하지 않고 말이죠. 이미 '엄마'와 '아빠'는 있으니까요.

반면 좀 더 어린아이들은 자기를 돌봐주는 양육자에게 친부모가 아님에도 자연스레 너무 쉽게 '엄마' 또는 '아빠'라고 말이 나오는 경우를 많이 보았습니다. 그런 경우에도 '엄마'가 둘 또는 '아빠'가 둘인 것이 혼란일 것은 없습니다. 제 경우에는 부모들과 아이들에게 이런 식으로 정리해줍니다. 면접교섭하는 친아빠를 만나서 '아빠'라고 부르고 함께 사는 새아빠에게도 '아빠'라고 부르되, 그 둘을 구별해서 칭해야 할 때는, 예컨대 사는 곳에 따라 한쪽은 '천안 아빠', 다른 한쪽은 '인천 아빠'와 같은 식으로 구분해서 부르도록 정해줍니다. 그러면 아이들은 이를 그대로 받아들이고 전혀 이질감을 느끼지 않았습니다. 부모들, 어른들이 혼란스러워하고 불편해하면 아이들도 혼란스럽고 불편해하고 부모들, 어른들이 자연스레 받아들이고 그와 같이 가르치면 아이들도 그대로 받아들이는 것이지요.

그와 같은 관계에서 아이들이 양육자 및 그 배우자와 함께 지내는 양육 시간과 면접교섭자 및 그 배우자와도 함께 지내는 면접교섭 시간(역시도 성질은 똑같은 양육 시간입니다)을 잘 배분하여 시간표를 짜는 것이 필요합니다. 이를 원만하고 평온하게 이행할 수 있는 관계를 구축하는 것이 바로 건강하고 성숙한 이혼 부모의 모습일 것이고요.

자녀보다는 부모가 성숙하고, 자녀가 부모를 사랑하기보다는 부모가 자녀를 더 사랑할 것입니다. 그러하기에 부모는 이혼과 재혼 등 삶의 허들을 넘는 과정에서도 자신의 이해와 편의보다는 자녀의 복리를 우선 고려하여 자녀의 면접교섭에 관한 권리를 보장하면서 자녀를 키워나갈 수 있으리라 기대해봅니다.

유엔 아동권리위원회,
〈일반논평 제14호: 아동의 최상의 이익 원칙〉(2013)
60문단

가족의 분리를 방지하고 가족의 결합을 유지하는 일은 아동 보호 체계의 중요한 구성요소이며 제9조 제1항 '아동의 최선의 이익을 위해 필요한 경우 외에는, 아동이 자신의 의사에 반하여 부모로부터 분리되지 않도록 보장한다'고 규정된 권리에 기초를 둔 것이다. 나아가 부모의 일방 또는 쌍방으로부터 분리되는 아동은 '아동의 최선의 이익에 반하는 경우 외에는, 정기적으로 부모 쌍방과의 개인적 관계 및 직접적 접촉을 유지할 권리를 가진다(제9조 제3항). 이 점은 또한 양육권자(person who holding custody rights),* 법적 또는 관습적 주양육자(primary caregiver), 양부모(foster parents), 그 밖에도 아동과 강력한 개인적 관계를 갖고 있는 사람에게까지 확대 적용된다.

- 우리나라의 '양육자'와는 개념이 다르다. 우리나라 민법상에는 '양육권자'는 없고 단지 '양육자'가 있을 뿐이다. 자세한 내용은 이 책의 19장을 참고할 것.

엄마도, 아빠도 면접교섭을

여러 사람 손에서 키워지는 아이들

어느 협의이혼의사확인기일에서 있었던 일입니다. 젊은 부부가 여느 이혼 커플들과 별다를 것 없는 모양새로 앉아 있었습니다. 늘 하던 대로 이혼 의사가 진정한지를 확인하고 나서, 두 사람 사이에 하나 있는 자녀의 양육사항을 심리하고자 물었습니다.

"아이가 네 살인데 아빠를 친권자와 양육자로 정하셨네요. 그 이유가 있나요?"

"이유가 있어야 합니까?"

"자녀의 복리를 기준으로 친권자와 양육자를 정해야 하니까 아빠 쪽으로 정한 데에는 이유가 있어야 하겠죠? 지금 이 자리는 아이의 복리를 위해서 그 내용을 판사가 확인하는 재판기일이고요."

"그냥 아빠 쪽이 나아서 그렇습니다."

"원래 아빠가 키워왔나요? 아이가 아빠와 사이가 더 좋은가요?"

"엄마가 키웠긴 한데 형편이 좀 안 됩니다."

"엄마의 면접교섭에 관해서는 둘째, 넷째 주말로 한 달에 2회라고만 쓰셨는데, 네 살 나이를 생각하면 너무 뜸한 것 같아요. 현재는 같이 살고 있나요?"

"아니요. 이미 따로 살고 있어요."

"그러면 엄마가 아이를 마지막 만난 것은 언제인가요?"

"한 두세 달 정도 되었어요."

"그렇게나 오래되다니 아이가 엄마를 많이 보고 싶어 하겠네요. 그러면 현재 아이는 아빠가 직접 돌보고 챙겨주고 있나요?"

"그런 것까지 말해야 됩니까?"

"두 분 사이의 양육사항 협의 내용이 자녀의 복리에 부합하는지 확인하려면, 양육자로 정한 아빠가 어떻게 아이를 돌보며 키우는지 확인해야 알 수 있지 않을까요?"

"여기서 말로 하면 압니까?"

"그래도 말로 한번 말씀해보세요. 협의이혼의사확인기일이라는 한계 안에서 할 수밖에 없으니 최대한 잘 알아들어보겠습니다."

"제가 다 하지는 않아요."

"그래요? 양육자가 꼭 혼자 아이를 키워야 하는 것은 아닙니다. 양육자를 돕는 보조 양육자가 있는 경우가 많고요. 혹시 아이 조부모님이 도와주시나요?"

"그런 것은 아니고."

"그럼 누가 어떤 형태로 도와주시나요?"

"지금은 사정이 있어서요."

"그럼 현재 아빠가 아이를 데리고 사는 게 아니라는 말씀이세요?"

"네."

"그러면 아빠는 아이를 마지막 만난 것이 언제인가요?"

"……."

"아까 엄마가 아이 본 지 두세 달 되었다고 하셨죠?"

"……."

"현재 아이는 누가 어디서 데리고 있는 거죠?"

"애는 잘 있습니다."

"두 분 중 가장 최근에 아이를 만난 분이 확인한 아이 상태를 좀 말씀해주시겠어요?"

"……."

그 이후에 이어진 대화는, 그 젊은 부부가 오늘 꼭 이혼하고 가야 한다며 빨리 이혼의사확인이나 해달라고 항의하는 말들과, 판사가 이와 같이 자녀의 현 상태조차 파악되지 않는 상황에서는 자녀의 복리에 부합하는 이혼 후 양육사항, 즉 양육자와 친권자,

면접교섭, 양육비에 관한 사항을 정할 수 없으니 이혼의사확인을 어떻게 해주겠느냐고 그 불가한 이유에 대해 반복해서 설명하는 말들이 얽혔던 것으로 기억합니다.

어렴풋한 느낌으로는 그 젊은 부부는 아이를 수개월 전에 어딘가에 맡긴 것 같았고 둘 다 두세 달 이상 아이를 만나지 않았거나 혹은 만나지 못한 상태로 보였습니다. 경제적 형편 등의 이유가 있지 않을까 추측될 뿐 구체적인 사정은 알 수가 없었습니다. 아이가 무척 걱정되었으나, 협의이혼의사확인 절차의 확인기일에서는 더 나아간 심리를 할 방법이 없고 단지 '확인' 또는 '불확인' 두 가지의 선택지만 있을 뿐이니까요.

이혼해야 하는 부부가 적정한 절차를 통해 이혼할 권리를 보장받는 것은 매우 중요합니다. 아울러 그 미성년자녀 역시 부모의 이혼 과정 및 이혼 후에 제대로 보호받고 친부모(의 협력관계)에 의해 양육받을 권리를 보장받아야 합니다. 이 양자를 조화시킬 절차가 협의이혼에도 마련되어야 하는데 우리나라는 법 공백 상태가 존재합니다.

이를 위한 법 개정이 필요하다는 말은 사실 십수 년도 전부터 있어 왔던 것인데 입법자의 관심 부족이 아쉽습니다. 이는 국민의 실생활에 큰 영향을 미치는 영역일 뿐만 아니라, 늘 간과되는 아동의 권리가 보장되어야 하는 영역입니다. 잊을 만하면 언론에 등장하는 끔찍한 아동학대 사건이 발생하는 토양이 되는 것이고요.

그러면 "이혼 후 경제적 이유나 그 밖의 여러 사정으로 인해 부모 모두 자녀를 직접 키우지 못하는 경우가 있는데, 이런 부모는 이혼도 못 한단 말인가" 혹은 "사정이 안 되는데 꼭 부모가 직접 자녀를 키우라는 것인가" 이런 말씀을 하실 분들이 계실 것 같습니다.

당연히 아니지요. 경제적 또는 그 밖의 이유로 부모 모두 자녀를 직접 키우지 못하는 상태로 이혼해야 할 경우가 있을 것인데, 이러한 상황에서 부모의 이혼에 관한 권리와 자녀의 복리가 조화되어야 하는 것은 당연합니다.

좀 더 정확히 말하면, 우리 민법 및 아동권리협약에 의하여, 미성년자녀는 부모의 이혼으로 자신의 양육 상태나 거취 등이 변화되는 법적 결정이 이루어질 때 다른 무엇보다도 우선적으로 자신의 복리를 고려받을 권리가 있습니다. '최우선적으로' 자녀의 복리가 고려되어야 하기 때문에 부모의 이혼에 관한 권리가 이에 앞선다고 주장해서는 안 되는 것입니다만, 자녀의 복리를 최우선적으로 고려하면서도 부모의 이혼에 관한 권리도 함께 보장해야 한다고, 국가는 그러한 이행 의무가 있다고 해야 맞을 것입니다.

여기서 한 가지 짚고 가야 할 것은 '재정적, 물질적인 빈곤이나 그와 직접적으로 연관된 상황만으로 아동을 부모로부터 분리하여 대안양육을 받게 할 정당한 사유가 될 수 없다는 것', '오히려 그 가정에 적절한 지원이 필요하다는 신호로 간주되어야 한다는 것'입니다. 이를 실현할 의무는 국가에게 있습니다.

이는 유엔 총회에서 아동권리협약의 내용을 구체화한 아동 대안양육에 관한 지침(A/RES/64/142) 제15조의 내용으로서, 조약법에 관한 비엔나협약 제31조를 통하여 국내에서도 법적 규범성이 있는 것입니다. 그리고 아동권리협약은 그 전제로 전문에서 아동의 보호와 복지에 관한 사회적, 법적 원칙에 관한 선언(A/RES/41/85)을 상기하고 있는데, 위 선언에는 '아동의 첫 번째 우선적 권리는 자신의 부모에 의해 돌봄을 받는 것'이고 '아동은 가능한 한 부모의 보호와 책임 아래 성장해야 함'을 명시하고 있습니다.

나아가 아동권리협약 제9조에는 (물론 우리 민법에도 명시되어 있습니다만) 부모의 일방 또는 쌍방과 아동이 분리되더라도 정기적으로 만나고 그 관계를 유지할 권리가 있음이 명시되어 있고요.

그러니 만일 경제 형편이나 기타 사유로 자녀를 부모 모두 키울 수 없는 부모가 이혼할 때 어떻게 자녀의 복리와 부모의 이혼에 관한 권리를 조화시킬 수 있을까요. 국가가 이러한 부모를 지원하여 자녀를 양육할 수 있도록 해야 할 책무가 있다는 것을 전제로, 그럼에도 어쨌든 이혼 과정과 그 후에 일시적으로라도 양쪽 부모 모두 직접 자녀 양육이 어려울 때, 법원과 부모가 자녀의 복리에 저해됨이 없도록 양육사항을 정하여 이혼할 수 있도록 해야

함이 마땅합니다.

그나마 재판상 이혼에서는 법원이 민법, 가사소송법과 가사소송규칙에 따라 당사자 및 관계인을 출석시키거나, 교육과 상담, 그 밖의 조정조치를 할 수 있기 때문에, 자녀의 복리에 부합하면서도 부모의 이혼의 권리를 보장하는 더 적극적인 개입이 가능합니다. 물론 현재 제도 자체가 법적으로 마련되어 있다는 측면에서 논리적으로 가능하다는 것이고, 각급 법원의 인력과 예산 사정상 현실적으로 어려운 경우가 많아서 이 역시 개선이 필요한 부분이기는 합니다.

이와 관련해서, 제가 담당했던 사건 중에 친부모가 직접 키우지 못하는 사정이 있는 경우에 어떤 식으로 양육사항을 정했는지 그 사례를 소개해봅니다. 아래 사례는 법원에서 판사가 일방적으로 양육사항을 정한 것이 아니라, 부모 및 실제 양육자에 대한 교육 및 상담, 아이 상담, 기타 법원의 조정(調整, adjustment)조치, 이를 기반으로 한 협의 및 조정(調停, mediation)을 통하여 양육사항을 함께 만들어간 것들입니다.

여기서 '원고'는 이혼을 청구한 아내(엄마), '피고'는 남편(아빠)이었으며, '사건본인'이란 미성년자녀를 말합니다. 그리고 아이의 실제 양육자를 소송절차상 '관계인' 개념으로 포섭했는데, '관계인'은 아이의 할머니, 즉 피고의 모친이었습니다.

이 사례에서 법원의 개입 전에는 원고가 피고와의 결혼생활을 못 견디고 집을 나가 있는 상태에서 이혼을 청구했기 때문에 아이와도 수개월 이상 단절되어 있었고, 피고나 관계인은 원고와 감정이 좋지 않아서 아이를 만나게 해주지 않았습니다. 피고는 관계인 거주지에 주소를 두고는 있지만 지방을 다니며 일을 하다가 가끔 집에 오는 상황이라 사실 아이의 실질적인 양육자가 아니었습니다. 원고 역시 원룸에 살면서 적은 소득으로 자신의 생계 유지만도 급급한 상태였기에 아이를 데려오고 싶어도 그럴 수 없는 형편이었습니다. 게다가 피고가 알코올 문제 등이 다소 있었기에 관계인과 모자 관계에 있다 하더라도 도저히 양육자로는 물론 친권자로도 적합하지 않았지요. 다행히 관계인이 (원고는 미워했지만) 따뜻한 품성과 사랑으로 아이를 잘 양육할 수 있는 분이었기에, 법원의 개입은 관계인과 원고 사이의 관계 개선 및 협력적 양육 관계 구축, 원고와 자녀 사이의 관계 회복, 이를 위한 교육 및 상담 등으로 진행되었습니다. 그 결과 아래와 같은 이혼 및 양육사항 조정조항으로 정리되었습니다.

1. 원고와 피고는 이혼한다.
2. 사건본인의 친권자를 원고로, 양육자를 관계인으로 각 정한다.
3. 원고와 피고는 사건본인과 아래와 같이 각각 면접교섭을

하고 관계인은 이에 적극 협력하여야 한다.

가. 원고는 매주 주말 1박 2일 사건본인과 면접교섭을 한다.

나. 피고는 평일 중에 정기적으로 집에 들러서 사건본인과 면접교섭을 하여야 한다.

다. 그밖에도 원고와 사건본인이 원하는 경우 서로 만나거나 자유롭게 연락할 수 있고, 사정변경 등의 경우에 사건본인의 복리를 기준으로 상호 원만하게 협의하여 진행한다.

4. 원고는 관계인에게 사건본인의 양육비로 월 30만 원씩을 이 조정성립일부터 사건본인의 성년에 이르기까지 매달 말일에 지급한다.

5. 원고와 피고, 관계인은 사건본인의 복리를 위하여 양육사항의 변경이 필요한 경우 상호 원만히 협의하여 조정하기로 한다.

위 사례에서 시어머니인 관계인이 이혼을 요구하는 며느리를 미워하는 입장에서 어떻게 협력적 관계로 돌아섰을까요. 관계인은 손녀를 사랑하는 할머니였기 때문에 교육과 상담 과정에서 아이에게는 엄마가 꼭 필요하다는 점에 대한 인식이 환기되자, 자신의 부정적 감정보다는 아이를 위한 필요를 앞세울 수 있었고요. 며느리 입장인 원고로서도 이혼은 해야겠고 당분간은 아이를 키울 아무런 대안이 없어 아이를 시어머니께 맡길 수밖에 없었기에 시어머니에게 죄송하고 고마워하는 자세로 아이를 부탁하면서, 아이 양육에 필요한 연락을 서로 긴밀하게 하기로 하는 등 친권 행사에 필요한 협조를 하기로 하였지요. 특히 매달 일정한 양육비를 원고가 시어머니에게 직접 드리기로 하고 실제로 시범 지급이 두어 달 이루어지자, 경색된 관계가 많이 풀렸습니다. 역시 면접교섭과 양육비는 떼려야 뗄 수 없는 관계인가 봅니다.

이는 하나의 예에 불과하고, 실제 수많은 가정에서 각기 상이한 다양한 상황이 있을 것입니다. 특히 요즘에는 젊은 분들의 자립이 늦어지면서 결혼해서도 부모의 도움을 받아야 육아 등이 가능한 경우가 많은데요. 그러다가 이혼하는 젊은 부부들에게 여전히 부모 세대나 주변 사람들의 도움이 필요한 경우는 흔합니다.

아이 하나를 키우는 데에 온 마을이 필요하다는 말을 꼭 기억해야 할 시대가 되었습니다. 다만 아이를 키우는 데에 마을이 오히려 부모를 배제하거나 부모와 아이를 분리하면 안 될뿐더러, 부모가 어렵다고 마을에만 아이를 맡기고 아이와 관계를 단절해서는 안 될 것입니다. 면접교섭은 아이가 친부모로부터 양육받을 권리의 실현입니다. 따라서 양육의 의무자인 부모라면 꼭 해야 하는 것이 바로 면접교섭입니다.

유엔 총회, 아동 대안양육에 관한 지침(2009)

11. 대안양육에 관한 모든 결정은 아동이 기존에 살던 거주지에서 가장 가까운 곳에서 이루어져야 바람직하다는 것이 전면적으로 고려되어야 한다. 이는 아동이 원가정과 연락하고 잠재적 재결합을 꾀할 수 있으며, 아동이 교육, 문화, 사회생활에서 받는 불편을 최소화하기 위함이다.

13. 아동은 언제나 인간으로서 존엄과 존중으로 대우받아야 하며, 어떤 종류의 보호 시설에 있더라도 보호 제공자, 동료 또는 제3자로부터의 학대, 방치 및 모든 형태의 착취로부터 효과적으로 보호받아야 한다.

14. 가정에서 아동을 분리시키는 것은 가장 최후의 수단이어야 한다. 아동이 가정과 분리될 경우, 이는 가능한 한 일시적이고 단기적으로 이루어져야 한다. 분리에 대한 결정을 규칙적으로 심사해야 하며 (후략).

15. 재정적, 물질적인 빈곤이나 그와 직접적으로 연관된 상황이 아동을 부모의 보호에서 분리 또는 대안양육을 받게 하거나 재결합을 막는 유일한 정당화 사유로 사용되어서는 안 된다. 그 대신 이는 가정에 적절한 지원을 제공하기 위한 필요성을 나타내는 신호로 간주되어야 한다.

17. 원칙적으로 형제자매는 대안양육으로 인해 분리되어서는 안 된다. 다만, 명백한 학대의 위험이나 아동 최상의 이익에 의해 정당한 사유가 있을 경우에만 분리를

허용할 수 있다. 아동의 뜻에 반하지 않는 이상, 모든 상황에서 형제자매가 서로 연락할 수 있도록 조치가 취해져야 한다.

21. 시설양육은 특별히 합당하거나 필요하고 건설적이며 아동 최선의 이익에 부합하지 않는 이상 제한되어야 한다.

23. 시설양육 기관과 가정 중심의 양육이 아동의 욕구에 부합하는 보완관계에 있음을 인정한다. 대형 시설양육 기관이 남아 있는 상황 속에서, 전체적인 탈시설화 맥락에서 뚜렷한 목적과 목표를 가진 대안을 개발해야 한다. 이러한 목적을 달성하기 위해서 국가는 아동의 발달에 도움이 되는—개별화된, 소규모 단위의 양육과 같은—양육 기준을 세워야 한다. 또한, 이러한 기준에 준거하여서 현존하는 시설을 평가해야 한다. 새로운 시설(공공시설 및 민간시설)의 설립과 설립 허가는 탈시설이라는 목적과 정책에 따라 이루어져야 한다.

자녀에게
이혼에 관해 말하기

• 5살 수민이 이야기 •

수민이 엄마와 아빠는 이혼 재판에서 서로 상대방 잘못으로 혼인이 파탄되었다고 주장하고 자신이 수민이의 양육자가 될 자격이 있다고 다투었지만, 그 심리를 위해서 법원에 수민이를 데려오라고 하자, 그것만큼은 둘이 일치해서 거부했습니다. 그 이유인즉슨, '아이가 상처받게 하고 싶지 않다'는 것이었죠. 수민이는 아직 어리고 엄마 아빠의 이혼에 대해 모르니 그 상태로 아이를 '보호'하겠다는 것이었어요.

'이혼에 대해서는 언급하지 않으면서 양육자 평가를 위해 필요한 한도에서만 조심스레 아이를 만나보겠다'는 약속을 하고 겨우 부모를 달래어 수민이를 법원 아동상담실로 데려오게 하고는 아동상담위원과 함께 만나보았어요. 그런데 막상 수민이는 저를 만나자마자 대뜸 그러더군요.

"우리 엄마 아빠, 이혼하는 거죠?"

제가 놀라서 "이혼이 뭔지 알고 묻는 거예요?"라고 묻자, 수민이는 "헤어지는 거"라고 대답했어요.

"엄마 아빠는 수민이가 아직 모른다고 하던데"라고 조심스레 말을 꺼내었더니, 오히려 수민이는 "우리 엄마 아빠한테는 말하지 말아주세요. 제가 아는 거 모르니까요"라고 하더군요. 그리고 왜 냐는 물음에 "엄마 아빠가 슬퍼할 거 같아요"라고 말했습니다.

저와 아동상담위원은 그냥 말문이 막혀버렸죠. 다섯 살짜리 아이 입에서 나오리라 기대할 수 있는 말이 아니었기도 했지만, 부모가 아이를 사랑하는 것보다 더 깊게 부모를 사랑하는 이 작은 아이 앞에서 어른으로서 너무 부끄러웠기 때문이었습니다.

• 고1 희정이 이야기 •

희정이 아빠는 엄마를 상대로 외도를 이유로 이혼 소송을 제기했는데, 희정이 엄마는 그 전에 이미 집을 나간 상태였습니다. 당시 중3이었던 희정이는 자고 있다가 새벽에 방 밖에서 엄마와 아빠가 싸우는 소리에 잠이 깼고, 아빠의 "당장 나가!"란 말에 엄마가 아무 대꾸도 없이 가방을 챙겨서 집을 나가는 소리를 듣게 되었지요. 몇 달이 지나 희정이가 고등학교에 진학했지만 엄마는 집에 들어오지 않았고, 그 사이 아빠는 가끔 술에 잔뜩 취해서 집에 들어오면 희정이를 앉혀놓고 '너희 엄마는 바람이 나서 자식도 버리고 집을 나간 나쁜 여자'라는 비난을 반복하곤 했습니다.

그 후 희정이 아빠로부터 이혼 소장을 받게 된 희정이 엄마도 혼인생활 중 부당한 대우 등을 이유로 반소로 이혼과 위자료 청구를 했고 재산분할 청구도 했습니다. 나머지 짐을 싸서 완전히 이사하기 위해 집에 들렀던 어느 날 희정이 엄마는 희정이에게 그간 못했던 이야기를 한다며, 결혼하고 희정이 아빠로부터 당했던 모욕적인 일들과 무시당했던 일들을 희정이를 붙잡고 늘어놓았습니다.

설상가상 이혼 소송에서 희정이의 아빠와 엄마는 서로 자신이 희정이의 친권자 및 양육자가 되겠다고 다투었는데, 그 심리와 관련하여 희정이를 면담한 상담위원은 희정이가 상당히 심각한 우울, 무기력, 스트레스 등의 상태를 보인다며 정신과 치료가 필요하다고 보고했습니다.

• 초5 준한이 이야기 •

준한이 아빠는 이혼한 지 7개월쯤 되어갈 무렵 준한이의 양육자인 준한이 엄마가 면접교섭을 시켜주지 않는다며 면접교섭 청구를 했습니다. 준한이 엄마는 곧바로 장문의 답변서를 제출했는데, "면접교섭을 시켜주지 않으려 한 적이 없었지만 오히려 준한이 아빠가 이혼 후 연락해온 적이 없었다. 그뿐 아니라 양육비도 한 번도 지급한 적이 없다, 그리고 지금은 준한이가 아빠를 만나기를 거부하기 때문에 면접교섭을 시켜줄 수가 없다"고 하였습니다.

아동 상담위원이 만나본 준한이는 엄마 말대로 아빠를 만나지 않겠다고 거부하고 있던 것은 맞았습니다. 아동상담위원은 준한이를 처음 만났을 때 아빠에게 굉장히 화가 난 상태였다고 했습니다. 이혼하고 연락하지 않는 아빠에게 화가 나서 지금은 준한이가 "그런 아빠는 필요 없어요"라고 하고 있다는 거죠. 그런데 아동상담위원이 준한이와 몇 회기 상담을 이어가다 보니, 준한이가 그와는 좀 다른 심경을 털어놓았습니다.

초4 겨울쯤부터 아빠가 집에 안 들어왔는데, 엄마는 아빠가 일 때문에 집에 못 오신다고 해서, 준한이는 그런 줄로 알았답니다. 그러다가 5학년이 된 봄에 학부모 참관수업에 아빠가 못 오시게 된 일이 생겼습니다. 그때 비로소 엄마에게서 몇 달 전 엄마 아빠가 이혼했다는 걸 듣게 되자, 준한이는 '자기 모르게 엄마 아빠가 이혼했다'는 사실에 굉장히 배신감이 들고 화가 많이 났다는 것이었어요. 표면적으로는 아빠를 미워하며 아빠에게 화를 다 쏟아내고 있었지만, 실상은 엄마 아빠 모두에게 엄청나게 화가 나 있는 상태였던 거지요. 하지만 함께 살고 키워주고 계신 엄마에게는 화를 낼 수 없으니 결국 아빠만 그 분노의 대상이 될 수밖에요.

　여기서는 우리 아이들이 자신을 둘러싸고 벌어지는 여러 가지 일들, 특히 자신의 신분이나 거취에 영향을 받을 중요한 변화와 관련된 일들에 대해 정확히 알 권리, 제대로 그에 대한 정보를 부모나 기타 보호자로부터 제공받을 권리에 대해 말씀드리고자 합니다. 알 권리는 그 자체로도 중요하지만 아동이 자신의 의사를 결정하고 표현하기 위한 전제조건이 되기에 특히 중요한 권리입니다. 알 권리가 보장되지 않으면 설령 아동이 의견을 표명했더라도 반쪽짜리 권리 행사가 될 수 있습니다.
　자, 위 사례를 하나씩 볼까요.
　수민이의 부모는 수민이에게 이혼을 모르게 하여 상처 주지 않고 보호하겠다고 하지만, 이혼이 자녀에게 상처라는 관점 자체가 상처가 될 수 있고, 부모가 스스로 이혼을 상처로 생각하면서 자녀에게 이를 숨기니 그 사실을 알게 되는 자녀는 이중의 괴로움을 져야 할 수 있겠지요. 무엇보다도 우리 아이들은 생각보다 많은 것을 이미 스스로 알고 있습니다. 아주 어린아이들까지도 말이죠. 분위기로, 직관적으로, 특히 어릴수록 오히려 더 환경과 사람들, 상황에 민감할 수 있습니다. 그러니 그 눈높이에 맞게 정확히 잘 알려주지 않으면 어린아이일수록 '막연한 불안감'이 유발되는 등 정서에 좋지 않은 영향을 줄 수 있다고 전문가들은 말합니다.

　희정이의 부모가 희정이에게 서로에 대한 험담과 비난, 특히 자녀가 알아서는 안 될 부모의 내밀한 치부까지 말한 것도 살펴봅시다. 단언컨대, 희정이의 예에서 부의 행동이나 모의 언행은 모두 희정이에 대한 정서 학대에 해당합니다. 미성년자녀는 부모의 갈등과 분쟁에 노출되는 것만으로도 괴로움을 겪을 수 있습니다. 그것이 폭력적이거나 지속적 또는 반복적인 경우는 그 부모에게 '자녀에 대해 그러한 상황의 노출'에 관한 고의가 없는 경우라 할지라도 정서 학대가 될 수도 있습니다.

　하물며 희정이 부와 모처럼 '고의'로 희정이에게 상대 부모의 외도 사실에 대한 자세한 언급이나 부부간의 관계에서 일어난 상대 부모의 내밀한 잘못을 상세히 지적하는 것 등은 미성년자녀에게 감당할 수 없는 정신적 충격을 주고 장기적으로 회복이 어려운 성격 형성에까지 영향을 줄 위험이 있는 아주 해로운 행위입니다. 즉, 미성년자녀에게 그가 알아야 할 것은 눈높이에 맞게 알려주고 노출시키지 말아야 할 것들에 대해서는 제대로 보호해야 마땅한 것이지요.

　준한이 부모의 경우는 무엇이 문제였을까요. 준한이의 말처럼 이혼한 것이 준한이에 대한 배신이었고 잘못한 것일까요. 당연히 아니겠지요. 이혼 가정의 아이들을 만나다 보면 가끔 준한이와 같이 이혼을 부모의 배신으로 느끼는 경우들을 봅니다. 특히 초등학교 시기 아이들의 경우 발달 과정의 여러 이유 때문에 그런 감정이 들 수 있다고 생각합니다. 그렇기 때문에 더욱 확실히 이혼 전에 미리 충분한 시간을 두고 아이에게 부모가 이혼 결정을 이야기해주고 아이가 자신의 마음과 생각을 표현할 기회를 주어야 하는 것이지요.

그리고 자녀에게 이혼에 관해 말하는 것에 대해 전문가들이 입을 모아 말하는 공통적인 것들을 뽑아 보면 다음과 같습니다.

- 이혼이 확실해지면 미성년자녀에게 그 사실을 알려주어야 한다.
- 부모 양쪽이 함께 말하는 것이 좋다.
- 편안한 장소와 시간을 택할 필요가 있다.
- 자녀에게 말할 것을 미리 부모가 함께 준비한 다음 차분히 말하는 것이 좋다.
- 자녀의 연령과 발달 수준에 따른 이해도 등을 고려하여 눈높이에 맞게 대화해야 한다.
- 자녀가 질문할 수 있도록 허용할 필요가 있고, 답할 수 있든 없든 부모는 최선을 다해 그 질문에 응해주는 것이 자녀에게 이롭다.
- 무엇보다 이혼 결정에 대해 자녀가 자신의 감정적 반응을 표현할 수 있도록 하고 그것을 받아주어야 한다.

- 부모 서로에 대한 비난이나 험담은 자제하고 (말하다 보면 자연스럽게 서로 간의 비난과 험담이 섞일 수 있으나) 특히 자녀 때문에 이혼하는 것이 아님을 명시적으로 강조할 필요가 있다.
- 그리고 이혼하더라도 여전히 (당연히) 자녀를 사랑한다는 것과 사랑으로 돌볼 것이라고 말해주고 확신을 주어야 한다.
- 이혼 후 변화에 대해, 특히 어디에서 누구와 어떻게 살고, 다른 쪽 부모와는 언제 어떻게 만나고 함께 지내며 연락을 취하고 살게 될지 등에 대해 자세히 말해주고, 그에 대한 의견도 충분히 함께 나눌 필요가 있다.

이러한 것들에 대해 이야기를 잘 나누어야 이혼 후에도 자녀들과 비동거 부모가 원만하게 면접교섭을 해나갈 수 있겠지요. 자녀를 위한 면접교섭의 이행의 전제는 '이혼에 대해 제때 제대로 자녀에게 말하기'라고 할 수 있습니다. 이를 바탕으로 준한이에게 엄마와 아빠가 이혼 이야기를 미리 어떻게 해야 했는지 제가 한번 써보았습니다. 혹시 참고가 필요한 분들에게 도움이 되었으면 합니다.

엄마 엄마와 아빠는 이제는 부부로 살지 않기로 했어. 서로 그것을 원하게 되었기 때문에 서로 존중하기로 한 거야. 그래서 '이혼'이란 걸 하게 될 거고 앞으로 따로 살게 될 거야.
하지만 이건 전적으로 엄마 아빠 사이의 일이고, 준한이 너와는 아무 상관이 없어. 엄마가 준한이를 사랑하고 아빠가 준한이를 사랑하는 것은 변함없이 똑같아. 이것만큼은 엄마 아빠가 준한이에게 꼭 약속할 거야.

아빠 ○월 ○일에 아빠는 이사를 해서 ○○에 있는 새집으로 가려고 하는데 거기에도 준한이 방을 마련하려고 해. 준한이가 학교를 그대로 다녀야 하니 이 집에서 엄마와 평소대로 지내며 평일에 학교를 다니다가 금요일 저녁이나 토요일 낮에 아빠 집에 가서 아빠와 하룻밤이나 이틀 밤을 지내고 오면 좋을 것 같아. 아빠가 준한이를 데리러 올게.
아빠 집에 새로 마련할 준한이 방에 새 책상과 침대도 놓고 준한이가 필요한 것, 원하는 것들을 준비해 주고 싶어. 언제 아빠와 함께 준한이 마음에 드는 물건을 고르러 가면 좋겠어.

엄마 물론 평일에도 언제든 아빠와 통화나 문자를 할 수 있고 또 아빠가 보고 싶으면 언제든 아빠를 만날 수 있도록 엄마 아빠가 준한이를 위해 노력하려고 하니, 아빠가 이 집에서 이사를 나간다고 해도 준한이가 슬퍼할 필요는 전혀 없어. 아까 엄마 아빠가 준한이를 변함없이 사랑하고 또 계속 그럴 거라고 약속한 것 기억하지?
준한이가 원할 때 언제든 아빠를 만날 수 있고 아빠가 말씀하신 것처럼 아빠가 정기적으로 준한이를 위해 함께 지낼 시간을 내실 거라고 엄마 아빠가 다시 한번 약속할게.

아빠   준한이가 엄마 아빠한테 물어보고 싶은 것이나 아니면 무엇이든 괜찮으니까 혹시 하고 싶은 얘기가 있으면 해볼래?

19장

양육권이 아니라
양육자, 양육 의무자

"그럼 이제 저는 양육권을 가질 수 없는 건가요?"

면접교섭실에서 이혼 사건의 피고였던 한 아빠가 던진 질문이었어요. 이런 질문을 들으면 어디서부터 어떻게 설명을 해야 할지 참 난감해지는데요. 어떻게 해야 잘못된 이해를 바로 잡고 안심하면서 법원 절차를 따라오게 할 수 있을까 머릿속이 복잡해지곤 합니다.

지혜 아빠는 아내로부터 이혼 소송을 당했는데, 아내는 이미 지혜를 데리고 집을 나가 따로 방을 얻어 살고 있는 상태였어요. 소송 초기에 '양육상황보고서'부터 써내게 했더니, 피고인 지혜 아빠는 아내가 지혜를 데리고 나간 후 여러 달 이상 지혜를 만나지 못해 보고 싶다고 하소연을 했고, 반면 원고인 지혜 엄마는 그 여러 달 동안 지혜 아빠가 한 번도 양육비를 지급해주지 않아 생활이 어렵다고 호소했습니다.

　누가 먼저 또는 더 잘못했는지를 떠나서 위와 같은 상태는 지혜의 복리, 즉 아동의 최선의 이익에 반하는 상황이기에, 우선 임시로라도 양육 상태부터 자녀의 복리에 부합하게 조정해놓고 이후 절차를 진행할 필요가 있었습니다. 그래서 빠른 기일을 잡아 면접교섭실로 부모와 아이 모두 오게 하였습니다.

　그리고 그간 만나지 못했던 지혜와 아빠가 함께 시간을 가지도록 하면서 상담위원을 통해 둘 간의 관계를 살펴보게 하는 한편, 지혜와 엄마가 함께 있는 모습도 따로 잘 관찰하여 엄마와 지혜의 관계나 엄마의 양육 태도, 그 밖의 여러 가지를 살펴보도록 하였지요.

　그런 연후에 판사인 제가 상담위원 및 부모 양쪽과 잘 의논해서 일단 그 당시를 기준으로 적합한 양육자를 임시로 정하고 그 상대방의 면접교섭 방법 및 양육비 액수·지급 방법 등도 정하고자 하였어요. 나아가 그 내용으로 아예 '사전처분'이라는 결정을 해놓고 그 후 이혼 소송 절차를 진행하면, 아이가 부모의 이혼 소송 와중에 힘들어지거나 상처받는 것을 최소화할 수 있거든요.

　그날 지혜를 보니 걱정했던 것보다는 밝아서 안심했고, 오래 떨어져 있던 아빠와 별다른 어색함 없이 반가워하면서 금방 잘 어울려 놀았던 기억이 납니다. 그리고 지혜 엄마가 아이를 잘 돌봐왔다는 것을 알 수 있는 여러 사정들, 즉 아이의 청결이나 건강

상태, 정서 상태, 엄마와 친하게 잘 있고 또 잘 떨어지기도 하고, 무엇보다도 아빠에 대한 부정적 감정을 갖지 않도록 엄마가 노력한 흔적도 보였으며, 지혜 엄마가 양육비를 못 받아서 힘들다고 하는 상황에서도 지혜에게 필요한 것은 그럭저럭 잘 제공하고 있다고 보이는 것 등을 확인할 수 있었지요.

그래서 일단은 그 상태로 지혜 엄마를 임시로 양육자로 하되, 지혜 아빠에게는 가능한 최대한의 면접교섭 시간을 확보해주고 양육비도 지급하게 하는 것이 바람직하겠다는 방향으로 상담위원과 상의를 한 터였어요. 이를 기초로 쌍방을 각각 분리 면담하는 과정을 거치는 중이었죠.

그동안 사랑하는 딸을 보지도 못했으니 이제는 아내와 싸울 걱정 없이 안정적으로 지혜를 만날 수 있게 되면 얼마나 기뻐할까 예상하며, 지혜 아빠에게 지혜 엄마와 사이에서 면접교섭 시간을 조율·확보해주었는데, 웬걸, 지혜 아빠는 '자신이 양육권을 가질 수 없냐'는 의외의 질문으로 반응했던 겁니다.

지금 임시라고는 하지만 이렇게 시작부터 자신이 '양육권자'가 아닌 '면접교섭권자'로 되고 앞으로도 '양육권자'는 되지 못하는 것 아니냐는 질문인 셈이었죠. 그리고 스스로 양육에 관해 자신이 아내보다는 부족하다는 자각이 드니, 이렇게 이혼을 당하면서 아이에 대한 '양육권'도 '뺏기게 되나' 하는 불안감이 들었고, 그래도 판사와 마주한 기회에 '어떻게 하면 나도 양육권을 가질 수 있을까요.' 또는 '양육권 다툼에서 이길 방법이 있을까요'에 관해 조언을 얻어보자는 마음도 살짝 깔고서 '그럼 나는 이제 양육권을 가질 수 없는 것인지'를 묻게 된 것이었어요.

"'양육권'은 지혜 엄마도 갖지 못하고요. 지혜 엄마나 지혜 아빠나 두 분 다 '양육 의무자'일 뿐이에요"라는 말로 일단 저는 답하기 시작했어요.

"아니, 판사님이 방금 임시 양육권자를 저쪽으로 정한다고 하셨잖아요."

"저는 '양육자'라고 했지, '양육권자'라고 하지 않았어요. 우리 민법에 이혼 부모는 미성년자녀의 친권자와 '양육자'를 정하라고 되어 있지(제837조), '양육권자'를 정하라고 되어 있지 않거든요. 그리고 우리 민법 어디에도 '양육권'이라는 말 자체가 없어요."

이게 무슨 말인가 싶어 눈만 끔벅끔벅하는 지혜 아빠에게 계속 말을 이어갔습니다.

"만약 양육에 관해 권리가 있다면 그것은 엄마, 아빠의 것이 아니라 지혜의 권리예요. 즉, 지혜가 친엄마, 친아빠에게 이혼과 상관없이 계속해서 양육해달라고 할 수 있는 아동의 권리인 거죠. 지혜 엄마, 아빠는 그 의무자로서 지혜에 대한 양육을 제공할 의무자고요. 이혼하게 되면 따로 살아야 하니 양육 시간을 나눠서 제공하고, 양육 비용도 분담해서 내야 하는, '양육 협력관계'를 만들 의무가 두 분께 있습니다. 그러니까 있지도 않은 '양육권' 가지고 싸울 생각을 하시기보다는, 아까 의논한 지혜와의 면접교섭 시간, 즉 그게 지혜에 대한 '아빠의 양육 시간'인데 그 양육 시간을 꼭 지키고 충분히 갖는 것, 그 시간에 지혜에게 좋은 양육을 제공하는 것, 그래서 지혜가 아빠와 좋은 관계가 되게 하는 것이 중요해요. 그러면 지혜를 아빠에게서 떼어내려 해도 그 누구도 뗄 수 없게 될 것이고 아빠가 잃어버릴 권리 같은 것은 있을 수도 없거든요. 양육비도 꼬박꼬박 지급하시고요. 지혜 엄마와 지혜 양육에 관한 공동 의무자로서 양육 시간인 면접교섭과 양육 비용 분담인 양육비 지급을 착실히 할 것만 생각하면 좋겠어요."

지혜 아빠는 끄덕끄덕하면서도 뭔가 말장난 같기도 한지 다시 한 번 묻더군요.

"그러면 저도 '양육자'라고 해주시면 안 되나요."

"네, 그래서 저도 개인적으로는 우리 민법에 굳이 '양육자'를 정하라고 하는 것이 불만이긴 해요. 그냥 '양육 시간 분배 스케줄'을 짜라고 하면 좋겠어요. 그리고 다른 사건에서는 실제로 판결이나 조정에서 조항에 '원고와 피고는 아래와 같이 사건본인(자녀)에 대한 양육을 공동으로 한다'라고 쓰고 무슨 요일 몇 시부터 무슨 요일 몇 시까지는 원고 양육, 무슨 요일 몇 시부터 무슨 요일 몇 시까지는 피고 양육 같은 식으로 정하기도 해요. 그런데요, 지혜 아빠는 아까 제가 매주 주말에 지혜 면접교섭하시면 어떻겠냐고 먼저 제안했을 때, 막상은 '일 때문에 매주 주말에 시간이 안 난다', '토요일과 일요일 중 하루를 내기도 어렵다', '정기적으로 정하기 힘들다' 그러지 않으셨나요. 그래서 지금 겨우 매달 마지막 주말 토요일 저녁부터 일요일 낮까지 1박 2일, 그 외의 주는 수요일이나 목요일 중 시간 나는 저녁 시간에 두세 시간 만나거나, 여건이 도저히 안 되면 영상통화라도 하기로 정했잖아요. 일단은 어렵게 짜낸 이 시간을 꼭 잘 지키는 게 중요할 것 같아요. '양육자'냐 '면접교섭자'냐 이름을 뭐로 붙이느냐보다는요."

"네, 그러면 저도 만약에 지혜를 데려와서 키우고 저쪽에서 주말에 면접교섭을 하면 '양육자'가 될 수 있는 겁니까. 사실 오늘 여기 오기 전에 어머니랑 얘기했는데 지혜 데려오기만 하면 어머니가 키워주신댔거든요."

그래도 계속 미련이 남는지 지혜 아빠는 남은 질문을 했습니다.

"그건 아빠가 키우는 게 아니라 할머니가 키우는 거죠. 그리고 그게 엄마가 평일 주중 대부분의 시간을 키우는 것보다 지혜에게 나을까요. 지혜는 그걸 원할까요? 좋아할까요? 아까 말씀드렸지만 지혜는 가장 우선해서 친엄마, 친아빠로부터 양육받을 권리가 있어요. 아동권리협약이라고 조약이긴 하지만 우리나라도 가입해서 국내 법률과 똑같은 효력이 있는 규정이 있는데 거기에는 아예 아동이 우선적으로 친엄마, 친아빠로부터 양육받을 권리에 대해서도 명시되어 있어요. 무엇보다도 아까 상담위원님이 지혜 엄마가 아이를 잘 돌봐오고 있는 것 같다고, 아빠와 면접교섭 단절된 것만 빼면, 그리고 아빠의 양육비 지급만 잘되면 더할 나위 없겠다고 여러 가지 설명해주신 것 함께 들었지요. 그걸 잘 생각해주시면 좋겠어요."

그리고 저도 미련이 남아 한마디 더 덧붙였습니다.

"그리고 죄송하지만, 아까부터 계속 말씀하시기를 지혜 엄마를 칭하실 때마다 '저쪽'이라고 하시던데, 지혜 앞에서는 '엄마'로 칭해주시면 좋겠어요. 예를 들어서 지혜에게 '저쪽 집에 몇 시에 데려다줄까'라고 하면 안 되고 '엄마 집에 몇 시에 데려다줄까'라고 말씀하셔야 해요. 아이들은 언어나 태도, 분위기 등에도 민감하니까, 엄마와 아빠가 이혼했어도 서로 적대하지 않고 상대방을 나의 아빠와 엄마로서 존중해주고 있다고 느껴야 안심하면서 편하게 오갈 수 있거든요. 엄마 아빠가 이혼했지만 나의 부모로서 서로가 서로를 존중하고 있다고 느낀다면 그만큼 부모님이 나를 소중하게 여기시는구나 하고 자존감도 올라가고요. 양육 분쟁에서 이기려고 하는 것보다 상대방과 양육 협력관계를 잘 구축하는 것이 아이의 행복과 이익에 아주 크게 기여한답니다."

유엔 아동권리위원회,
〈일반논평 제14호: 아동의 최상의 이익 원칙〉(2013)
67문단

아동권리위원회는 부모가 책임을 분담하는 것이 아동의 최선의 이익에 일반적으로 부합한다고 보고 있다. 부모의 책임에 관한 결정을 하는 데 유일한 기준은 아동의 최선의 이익이어야 한다. 만약 법률이 부모 일방 또는 쌍방에 부모의 책임을 자동적으로 부여하지 않는다면, 이는 아동의 최선의 이익에 배치된다. 아동의 최선의 이익을 평가하는 데 판사는 사건에 관련된 여타 요소들과 더불어 아동이 부모 쌍방과의 관계를 보존할 권리를 고려해야 한다.

면접교섭의 장애물 함께 넘기

'나은이는 왜 면접교섭을 하기 싫어하는 거지?'

서면을 읽을수록 갸우뚱해지고 점점 더 알 수 없다는 느낌이 들었어요.

나은이 아빠가 나은이 엄마를 상대로 낸 면접교섭 청구 사건에서 나은이 엄마는 "나은이가 면접교섭을 거부한다"는 답변서를 냈습니다. 아이가 면접교섭을 거부한다는 답변은 다른 사건에서도 자주 등장하는 반응이고, 그렇더라도 법원은 그러한 주장의 진위나 당부를 살피며 심리를 해나갑니다. 서면만 찬찬히 읽어봐도 청구인 쪽에서 무리한 요구를 하는 것이 보이거나 상대방 쪽에서 궁색한 이유를 둘러대는 것임을 알 수 있는 경우도 있습니다.

반면 이혼 전후로 겪어온 여러 가지 일들로 인해 청구인과 상대방의 갈등의 골이 깊고, 어느 한쪽만 잘못했다 할 수 없이 쌍방이 크고 작은 상처를 주고받아 아픔도 깊어진 관계에서 아이를 사이에 놓고 면접교섭을 진행하기가 어려운 경우도 있지요. 청구서와 답변서, 그리고 반복해서 주고받는 준비서면의 내용을 보면, 면접교섭이 진행되지 못하는 이러한 원인을 대략 추론할 수 있으나 섣불리 판사가 손대지 않는 것이 필요할 때가 있습니다. 판사가 관여하기 전에 가사조사관이나 상담위원 등 전문가의 신중한 접근과 섬세한 개입을 통해 관계 조정이 필요한 경우들이 꽤 많다는 것입니다.

그런데 나은이의 경우는 서면만 봐서는 뚜렷한 원인을 알 수 없었어요. 나은이가 초2 때 협의이혼한 부모는 당시 나은이의 친권자 및 양육자를 모로 정하되, 부는 월 100만 원씩의 양육비를 모에게 지급하고 나은이와의 면접교섭은 매주 주말에 하루 또는 1박 2일로 하기로 했습니다. 매달 마지막 주 주말은 쉬기로 하고요. 그러고서 실제로 나은이 아빠는 적지 않은 돈인 월 100만 원씩의 양육비를 꼬박꼬박 나은이 엄마에게 지급해왔고, 나은이 엄마도 약속한 면접교섭의 이행에 잘 협조해주었어요. 그렇게 3년 이상 큰 문제없이 시간이 흘렀습니다.

그러다 어느 순간 면접교섭이 중단되고 나은이 아빠가 법원에 면접교섭 청구를 하기까지 이르렀는데, 그때가 나은이가 초등학교 6학년 올라갈 무렵이었어요. 나은 아빠는 여전히 양육비를 성실히 지급하고 있었기에 나은 엄마가 양육비 때문에 면접교섭을 불응할 리 없었죠. 게다가 엄마 아빠의 이혼 이후 나은이는 부모의 협력적 태도 덕분에 아빠와의 관계를 비교적 원만하게 유지해왔기에 아빠와 사이가 나쁘다거나 갑자기 나빠진다거나 할 별다른 이유도 보이지 않았어요.

그럼에도 뚜렷한 이유 없이 나은이가 면접교섭을 하기 싫어하게 되자, 일단 나은이 아빠는 나은 엄마의 "나은이가 가기 싫어한다"는 말을 믿지 않았고 혹시 다른 이유가 있어서가 아닐까 의문을 가졌어요. 예컨대 '양육비를 올리려는 게 아닐까', 아니면 '혹시 재혼이라도 하려고 선을 그으려는 것일까' 등등요. 한편 나은 엄마도 나은 아빠가 아이를 데리고 있으면서 뭔가 아이에게 잘못된 행동을 하는 것이 아닐까 의심했어요. 나은 엄마가 답변서에 "어느 때부터인가 나은이가 아빠에게 가지 않겠다고 하여 달래도 보고 타일러도 봤지만 나은이 본인이 거부하고 있습니다. 제가 면접교섭을 못 하게 하거나 비협조하는 것이 아닙니다. 하지만 강제로 아이를 보낼 수는 없지 않습니까. 저도 답답합니다"라고 할 정도였으니까요.

나은이 엄마와 아빠는 비교적 현명하게 평온한 이혼을 하고 이제 3년 이상 시간도 흘렀는데 새삼 '없던 갈등'이 생겨 자칫 서로 힘들고 어려운 양육 분쟁 일로에 들어설 판이었어요. 그래서 결국 가사조사관에게 나은이와 그 부모를 보내서 가능한 한 상담 방식으로 그 원인을 잘 파악해보고 필요한 경우 전문적인 개입을 통해 문제를 해결할 방법을 찾아보도록 하였습니다.

　가사조사관은 나은 아빠, 나은 엄마를 따로따로 만나서 이야기를 들어보고 나은이를 만나 기초적인 면담을 해보더니, 아동 상담을 전문적으로 하는 상담위원에게 여러 차례에 걸쳐 나은이를 상담하도록 조정조치를 하였어요(이러한 조정조치는 판사로부터 조정조치명령을 받아서 진행한답니다). 그리고 그 사이사이 필요한 경우에 그 부와 모도 상담을 하거나 부모교육 또는 면접교섭에 관련된 양육 코칭을 하도록 했고요.

　이후 아동 전문 상담위원을 통해 알게 된 것은, 사실은 나은이가 거부한 것은 면접교섭이나 아빠가 아니라는 것이었어요. 사실 나은이는 아무것도 거부하지 않았고 단지 변화가 필요했던 거였죠.

　나은이가 엄마 집, 아빠 집을 왔다 갔다 하는 생활을 하기 시작한 초2 때는 그저 그래야 하나보다 하고 다녔던 것 같아요. 나은이는 함께 살던 아빠가 이사 나가고 난 어느 날을 아직도 기억하고 있었다고 해요. 뭔가 가슴이 저미고 좀 슬퍼서 눈물이 났는데, 엄마가 아빠랑은 매주 주말에 만날 거니까 걱정 말라고 말해줘서 괜찮았대요. 그래서 주말에 아빠 만나러 가고 또 다음 주말에 아빠 만나러 가고, 어떨 때는 하룻밤 자고 오고 또 어떨 때는 아빠가 데리고 놀러가기도 해서 재밌던 적도 있었대요.

　그런데 상담위원이 분석한 바에 따르면, 나은이가 초2 정도 나이 때에는 부모가 이끄는 대로 순응하면서 면접교섭을 위해 오갔는데, 이제 초6 나이에 사춘기가 오면서 여러 가지 변화가 생겼다는 겁니다. 주말에 아빠랑 하루나 이틀 지내면서 함께하던 것들이 이젠 뭔가 맞지 않거나 나은이 입장에서 불편하거나 번거롭게 된 거죠. 나은이가 차라리 혼자 있고 싶을 때도 있고 친구랑 있고 싶을 때도 있고요. 아빠가 싫지 않고 여전히 아빠를 사랑하지만 아빠랑 둘이 있으면 뭔가 전과 달리 어색하거나 딱 집어서 말하기 어려운 불편함이 있었대요. 상담위원은 사춘기에 접어든 여자아이로서는 '당연한 것'이고 '자연스러운 것'이라고 하더군요.

그리고 실은 아빠도 한 1년 전부터 '여친'이 생기기 시작했는데 어느 때인가 주말에 나은이가 아빠 집에 왔을 때 아빠의 '여친'도 함께 와서 지냈다고 해요. 사실 나은이는 아빠가 '여친'을 소개해주었을 때 '아빠가 엄마 아닌 다른 여자와도 만날 수도 있구나' 하는 것을 처음 느끼고서 좀 충격을 받았지만, 금방 '이혼했으니까 그럴 수 있겠다' 생각은 했다고 해요. 그런데 딱히 아빠가 '여친'과 나은이 사이에 친하도록 강요하거나 하지는 않았지만 몇 번 함께 지내다 보니 나은이 입장에서는 "그냥 셋이 그렇게 있는 것이 마음이 불편했다"고 해요. "그분이 잘해주려고 할수록"이라고 했다니, 아마도 아빠와 그분은 나은이에게 잘해주려고 꽤 애썼음에도 말이죠. 상담위원 말에 의하면, 이 역시 특히 사춘기에 접어든 예민한 나이에 "충분히 그럴 수 있다"고 했습니다.

또 하나, 상담위원이 보기에는, 초등학교 저학년 때부터 몇 년간 주말마다 아빠 집에 다니는 생활을 해온 나은이가 살짝 지친 것도 같다고 했습니다. 물론 한 달에 한 번은 쉬었다고 하지만, 나은이가 편안하게 생활하는 '집'에서 지내다 오는 것이라기보다는 '집을 떠나 아빠를 만나러 가서 아빠가 마련하거나 준비한 대로 하루나 이틀을 지내고 오는 것'이 이제 자율성이 급격히 커지고 있는 나은이 연령에서는 부대끼고 피곤하게 느껴질 수 있다는 것이지요.

이러한 내용을 토대로 상담위원은 나은이의 의견을 좀 더 반영하여 면접교섭의 시간과 횟수, 방식 등을 전반적으로 재조정할 필요가 있다고 조언했습니다. 나은이의 자율성을 늘리고 나은이가 원하는 방식이나 조건을 갖추도록 면접교섭 스타일을 변화시켜야 한다는 것이죠.

부와 모, 나은이와 몇 차례 상담 및 의논을 거쳐서, 결론적으로 아빠와 나은이의 면접교섭은 우선 횟수를 한 달에 2회(격주)로 줄이고 숙박도 아빠가 원할 때가 아니라 나은이가 원할 때 하기로 바꾸었어요. 나은이가 친구들과 만나거나 다른 일정이 생길 때는 아빠가 면접교섭 일정을 조정해주거나 건너뛰고 그 대신 영상통화를 하는 등 좀 더 유연하게 하기로 했고요. 또한 아빠의 '여친'은 원칙적으로 나은이 면접교섭 시간에는 집에 오지 않도록 하고 만일 오게 하고 싶으면 나은이에게 먼저 의견을 물은 후 나은이가 동의할 때만 그러기로 하였죠. 그 외에도 나은이에게 먼저 묻지 않은 채 영화표를 끊거나 놀러 갈 곳을 예약하거나 하지 않기로 하였어요. 그리고 결정적으로 아빠 집에 나은이의 방을 독립적으로 하나 만들어주기로 하였답니다. 전에는 아빠가 서재로 쓰는 방에서 나은이가 잤는데, 그 방을 온전히 나은이 방으로 만들어서 나은이가 자기 집처럼 언제든 있다 갈 수 있도록, 면접교섭 때 할 스케줄이나 특별한 계획이 없이도 나은이가 그냥 편하게 그 시간을 지내다 갈 수 있도록 하기로 하였습니다.

　나은이의 자율성과 의견을 더 존중하여 면접교섭에서의 주도권을 아빠에게서 나은이에게로 점차 옮겨가는 방식으로 바꾸면서, 나은 엄마와 아빠 사이에 오해가 풀린 것은 물론이고요. 나은이 아빠는 이와 같은 면접교섭 방법의 변화가 나은이의 성장에 따른 자연스러운 것임을 이해하고, 오히려 스스로 양육비 액수도 증액해야겠다는 생각까지 하게 되었습니다. 나은이가 커서 양육비가 더 드는 것 역시 당연하니까요.

　아동의 최선의 이익을 최우선적으로 고려받을 아동의 권리에 관한 유엔 아동권리위원회의 〈일반논평 제14호〉에 의하면, 아동의 최선의 이익 보장을 위한 절차적 보장책 중에 '시간 지각 (time perception)'이라는 것이 있습니다. 이는 ① 아동이 관련되거나 아동에게 영향을 미치는 절차나 과정은 무엇보다도 우선시되어 가능한 한 최단 시일 내에 완료되는 것이 바람직하다는 것 ②

그리고 가능한 한 결정을 내리는 시점은 아동에게 그 결정이 되면 얼마나 이로울지에 대한 아동의 인지 수준에 부응해서 선택되어야 한다는 것 ③ 내려진 결정은 아동이 발달함에 따라, 그리고 그의 표현 능력이 진전됨에 따라 합리적인 간격을 두고 재검토되어야 한다는 것을 말합니다. 나아가 ④ 아동에 대한 돌봄, 치료, 위탁, 그 밖의 아동 관련 조치는 아동의 시간 지각과 변화하는 역량 및 발달 측면에서 주기적으로 재검토되어야 한다고 합니다(93문단).

어찌 보면 한 번 정한 면접교섭이 변화 없이 몇 년씩 간다는 것이 오히려 어불성설이라 하겠습니다. 아이들의 성장과 변화를 고려한다면 말이지요. 나아가 그러한 변화를 위해서는 아무런 문제가 없는 관계였을지라도 새롭게 갈등이 나타나는 것이 오히려 좋은 것 같기도 합니다. 갈등이 나타난다는 것은 이제 변화가 필요하고 그 변화를 통해 모두에게 더 나은 미래로 가야 한다는 신호가 될 수 있으니까요. 성장도 갈등도 변화도 모두 다 자연스럽고 우리에게 필요한 좋은 것이며 삶이 주는 선물임을 깨닫게 해주는 나은이와 그 부모에게 감사와 응원의 박수를 보냅니다.

유엔 아동권리위원회,
〈일반논평 제14호: 아동의 최상의 이익 원칙〉(2013)
93문단

(c) 시간 지각(time perception) : 시간의 흐름은 아동과 성인에게 같은 방식으로 지각되지 않는다. 의사 결정이 지연되거나 장기화되면 특히 발달 과정에 있는 아동에게는 악영향을 미친다. 따라서 아동과 관련되거나 아동에게 영향을 미치는 절차나 과정은 무엇보다도 우선시하여 가능한 한 최단 시간 내에 완료되는 것이 바람직하다. 결정의 시기는 가능한 한 아동에게 그 결정이 되면 얼마나 이로울지에 대한 아동의 인지 수준에 부응해야 하며, 내려진 결정은 아동이 발달함에 따라, 그리고 그의 표현 능력이 진전됨에 따라 합리적인 간격을 두고 재검토되어야 한다. 아동에 대한 돌봄, 치료, 위탁, 그 밖의 아동 관련 조치는 아동의 시간 지각과 변화하는 역량 및 발달 측면에서 주기적으로 재검토되어야 한다(아동권리협약 제25조).

사람이 사람을 만난다는 것

―― 부모란 무엇인가 ――

정혜씨의 사연은 '사람의 일이 이렇게 공교로울 수도 있을까!' 싶을 정도였지만 그건 나중에 사정을 알고 난 뒤의 일이었고요. 처음에 본 소장은 오히려 너무 무미건조하게 느껴질 만큼 간단히 쓰여 있었습니다.

두 살이 되어가는 아들 우진이에 대한 인지 청구, 친권자 및 양육자 지정 청구, 그리고 월 50만 원씩의 양육비 청구로, 그 상대방인 피고는 경석씨였어요.

소장에서 정혜씨는 아주 간략히 "남편 범준씨와 사이에 혼인하고 우진이를 낳았으나 유전자검사 결과 친자가 아니라고 나왔다. 친생부인 판결을 받았고 이혼도 했다. 혼인 직전에 성관계를 한 사람은 남편 외에는 경석씨뿐이니 그가 친부다. 그러니 경석씨에게 인지 청구를 한다. 아울러 친권자 및 양육자 지정과 양육비도 구한다"라고만 적었습니다. 함께 유전자검사 신청서를 제출하였고요.

법원의 수검명령에 따른 유전자검사 결과, 경석씨는 우진이와 친자관계일 확률이 99.9999퍼센트라고 나왔습니다. 이제 변론기일을 넣은 후 정혜씨가 청구한 대로 판결 선고를 하면 되는 상황이었죠.

아니, 그렇게 간단히 '청구한 대로 판결'이 나올 수 있는 거냐고 갸우뚱하실 분들을 위해 잠깐, 이해를 돕기 위한 법적인 설명을 먼저 드려야 할 것 같군요.

'인지'라는 것을 말씀드리기 위해서는 우선, 법적으로 부자관계와 모자관계가 어떻게 발생하는지부터 볼 필요가 있습니다. 모자관계는 '혼인중'이냐 '혼인외'냐와 상관없이 모체에서 자녀가 출생(분만)하는 것에 의해 발생하고 자연스레 확인도 됩니다. 다만 기아(棄兒)와 같이 특수한 경우에만 '생모'가 그 아이(소송절차상 '사건본인'이라고 부릅니다)를 '친생자로 인지'해야 합니다. 그에 반해 부자관계는 일정한 요건이 필요합니다. 자녀가 그 몸에서 나오는 사람이 어머니인 것은 자연적으로 알 수 있지만 아버지가 누구인지는 다른 방법으로 확인할 수밖에 없으니 당연하겠지요. 우리 법에서는 이를 혼인중과 혼인외로 나누어 규율하는데, 혼인중에 아내가 임신한 자녀는 남편의 자녀로 추정해주지만(민법 제844조), 혼인외 출생자는 생부가 '인지'를 해야 법적 부자관계가 되는 겁니다. 생부가 자유로운 의사로 자신의 친생자임을 인정할 수도 있고(소위 '임의인지', 민법 제855조), 이를 거부하는 생부를 상대로 판결에 의하여 친생자로 인정받기 위해 인지 청구의 소(소위 '강제인지', 민법 제863조)를 제기할 수도 있습니다. 물론 생모라도 기아에 대해 친생자임을 부인하는 경우, 소위 강제인지를 위해 생모를 상대로 인지 청구의 소를 제기할 수 있습니다.

문제는 아내가 혼인중 임신한 것인지 애매한 경우가 있는데, 이를 위해 민법은 혼인성립일로부터 200일 후 또는 혼인관계종료일부터 300일 내의 출생자는 '혼인중 임신'으로 추정해줍니다(제844조 제2항 및 제3항). 결국 이렇게 친생추정을 받지 못하는 자녀에게 생부의 인지가 필요하고, 친생추정을 받는 자녀의 경우 그 추정을 깨트리고 친생자임을 부인하려면 친생부인의 소를 제기해야 합니다(민법 제846조).

자, 우진이의 경우 정혜씨가 범준씨와 혼인하고 200일 이후에 출생했기 때문에 범준씨의 친생추정을 받게 되니, 나중에 유전자검사 결과 범준씨 친자가 아니라고 나왔을 때 친생부인의 소를 통해 판결을 받아서 친자관계가 부인된 것입니다. 그러고서 생부와 사이의 친자관계를 형성하기 위해서는 생부로부터 인지를 받든지 혹은 생부를 상대로 인지 청구의 소를 통해 판결을 받아야 하는 것이지요.

한편, 우리가 이 책의 앞에서부터 계속 보아온 '친권자 및 양육자 지정'이 여기에도 갑자기 등장하는데, 그에 대해서도 말씀드릴 필요가 있습니다. 즉, 친권자 및 양육자 지정이 이혼의 경우에만 필요한 것은 아니라는 것이죠.

이혼할 때 자녀의 친권자와 양육자를 지정할 필요가 있는 것은 자의 복리를 위함이죠. 원래 부모는 친권자가 되고 친권을 공동으로 행사하는 것인데(민법 제909조 제1항, 제2항), 혼인중의 부부는 동거의무, 협조의무 등이 있어(민법 제826조) 친권을 공동으로 행사하기 수월하지만, 이혼하고 나면 따로 살아야 하니 자녀에 대한 친권 행사자를 정해두는 것이 자녀의 복리에 부합하는 것입니다. 예컨대 법정대리권 같은 친권의 중요 내용이 제때 차질 없이 행사되어야 자녀에게 불편함이 없게 되는 것이니까요.

그래서 이혼뿐만 아니라 그와 유사하게 자녀의 부와 모가 '혼인외' 관계로 나뉘는 경우, 즉 그 대표적인 경우가 혼외자 인지이고 그 외에도 혼인취소 등이 있는데 이러한 경우에도 자녀의 친권 행사자를 지정해주어야 하는 것입니다(민법 제909조 제4항, 제5항). 그리고 친권 행사자만 지정해주면 족한 것이 아니라, 친권자와 비친권자 사이에 양육책임의 분담을 위하여, 자녀의 양육책임과 면접교섭권에 관한 이혼에서의 규정(민법 제837조, 제837조의2) 역시 인지와 혼인취소, 혼인무효에 각각 준용(민법 제864조의2, 제824조의2)

또는 유추적용(대법원 1989. 8. 8. 선고 89므327 판결)할 필요가 있는 것이고요.

이제 종합적으로 정리하면, 정혜씨가 범준씨와 혼인중 출생한 우진이에 대해 범준씨의 친자가 아니라고 판명나자, 일단 범준씨에 의해 우진이가 친생부인을 당하여 판결이 났고, 그 여파로 정혜씨는 범준씨와 자연스레 이혼을 하게 된 것으로 보입니다. 그러고서 우진이에게 법적 친부관계를 마저 정리해주기 위해서는, 생부인 경석씨를 상대로 민법 제863조에 따라 인지 청구의 소를 제기해야 하고, 이 경우 민법 제909조 제5항에 따라 당사자가 청구하든 안 하든 법원은 우진이의 친권자를 정해주어야 하며, 민법 제864조의2에 따라 이혼과 마찬가지로 자녀의 양육책임 및 면접교섭에 관한 정함이 있어야 한다는 것입니다. 이 경우 판결의 주문은 기본적으로 아래와 같은 식이 됩니다.

1. 피고는 사건본인을 친생자로 인지한다. 또는 '사건본인은 피고의 친생자임을 인지한다.'
2. 사건본인의 친권자 및 양육자를 원고로 정한다.
3. 피고는 사건본인과 아래와 같이 면접교섭을 하고 원고는 이에 적극 협력하여야 한다(구체적인 면접교섭에 관한 시간, 장소, 방법, 주의사항 등).
4. 피고는 원고에게 사건본인의 양육비로 월 ○만 원씩을 ○

> 일부터 사건본인의 성년에 이르기까지 매월 ○일에 지급하라.

자, 이상은 일단 법적으로 그렇다는 것이고요. 현실은 이 젊은 엄마와 아기, 그리고 갑자기 생각지 못하게 아빠가 된 젊은이에게 참 곤혹스럽고 어려운 상황이었습니다.

변론기일을 넣으려다가 그래도 사정을 좀 더 구체적으로 확인할 필요가 있다는 생각에 일단 공개 법정이 아닌 곳에서 차분히 이야기를 나누어보려고 조정기일을 잡았습니다. 그러한 구체적인 사정을 조사하기 위해 가사조사관 제도가 있는 것이지만, 당시 가사조사관이 부족해서 대기 시일이 꽤 소요될 상황이었기에 (아직 전국 모든 가정법원에서 가사조사관은 턱없이 부족한 실정입니다), 상당수의 비송사건들은 조정위원 중에 부모 자녀 관계나 상담 등의 전문성을 지닌 몇 분과 함께 제가 직접 조정절차를 통해서 당사자들을 만나고 조정조치(adjustment)나 조정(mediation)을 했었거든요. 때론 그 절차에서 사건본인인 아동들도 직접 만나고 면접교섭을 바로 실시하거나 이를 위한 부모교육, 면접교섭 연습과 코칭 등도 했습니다. 물론 법적인 것 외에 관계나 정서, 그 밖의 전문성이 필요한 것은 제가 아니라 전문가 조정위원이 수행했고, 장소도 면접교섭실이나 상담실 등 적절한 장소에서 아동과 부모에게 심리적 어려움을 주지 않으면서 도움이 될 만한 적절하고 민감한

(child-sensitive)* 방법을 선별하였고요.

막상 정혜씨와 경석씨를 만나고 보니 서로가 곤혹스럽고 막막하기가 짝이 없었어요. 저나 조정위원도 할 말이 없어 한동안 조정실에는 침묵이 흘렀습니다. 두 사람 사이의 이야기며 양쪽의 상황 모두 기가 막혔거든요.

정혜씨와 경석씨는, 정혜씨가 결혼하려던 범준씨와 싸워서 헤어졌을 때 우연히 딱 한 번 만나서 성관계를 한 것 외에는 서로 아무런 관계도 없었던 사이었어요. 공교롭게도 그때 임신이 되었고, 그 사실을 정혜씨도 몰랐던 상태에서 그 직후 범준씨와 극적으로 재결합이 되어 곧바로 결혼했다고 합니다. 그러니 정혜씨도 우진이가 범준씨의 아이인 줄로만 알았던 것이지요.

그렇다고 경석씨에게 인지 청구를 하면서 따박따박 양육비까지 청구할 일인가, 인간적으로 미안하지 않은가, 제3자가 생각할 수 있죠. 하지만 그러한 제3자의 생각보다 더 깊은 죄책감과 말할 수 없는 미안함을 정혜씨는 온몸으로 말하고 있었어요. 캡모자를 깊이 눌러쓴 머리를 푹 숙이고 어깨도 위축되어 오그린

---

* 'child-sensitive'는 아동에게 민감한 접근 방식이나 태도를 말하는데, 좀 더 일반적인 말로 'child-friendly', 즉 아동친화적인 것이 있습니다. 아동이 관련된 사안은 아동친화적 환경, 절차, 방식 등이 필요합니다만, 가사 재판 중의 아동과 그 부모는 갈등과 분쟁 속에서 상처를 입거나 여러 문제를 겪고 있는 경우가 많기 때문에 단지 아동친화적인 수준 정도로는 족하지 않고 사안에 맞게 좀 더 아동에게 민감한 (child-sensitive) 고려가 이루어져야 합니다.

채 말이지요. 그 모습을 보니 '임신은 여자 혼자서 하나', '엄마가 무슨 죄인인가' 하는 생각이 절로 들 정도였지요.

그러면서 정혜씨로서는 도와줄 부모도 없는 홀홀단신으로 원룸에서 아기를 데리고 있는데, 아직 아기가 너무 어려서 일자리 구하기도 어렵고 도저히 살 길이 막막하여 정말 어쩔 수 없이 생부를 상대로 양육비까지 구하게 되었다면서, 소액이라도 좋으니 아이를 생각해서 조금만 도와주었으면 좋겠다는 취지를 어렵게 내비쳤습니다.

한편 경석씨는 사실 얼굴 표정이 좀 넋이 나간 듯 보였는데, 그도 그럴 것이 이제 겨우 20대 후반에서 30대로 들어서는 나이인데, 결혼도 안 한 총각에게 갑자기 아이가 생겼고 양육비까지 내야 한다니 아마 청천벽력 같았을 겁니다. 그렇다고 남을 탓할 수 있는 일도 아니고요. 경석씨는 약간 중얼거리듯이 "제가 책임을 지기는 해야죠"라는 말만 반복했습니다. 마치 스스로도 이 상황이 납득이 안 되어서 자꾸 되새기려는 것 같았죠. 그러다 갑자기 "근데 양육비를 줘야 하는 거죠?"라고 확인하듯 몇 번을 물었습니다. 그때마다 옆에서 정혜씨는 또 미안한 듯 고개를 숙였고요.

경석씨는 군대를 마치고 알바도 하며 직장을 구하다가 최근에 4대보험이 적용되는 비교적 안정적인 직장을 구했지만 아직 월급이 얼마 안 된다고 했어요. 직장 근처에서 원룸을 구해서 살고 있는데 부모님도 형편이 안 좋아서 겨우 자기 한 몸 건사해 열심히 살아보려고 애쓰고 있는 상황이라는 것이었죠.

"혹시 양육비를 자율적으로 주신다면, 본인이 그래도 스스로 이 정도는 매달 줄 수 있다고 생각되는 금액이 어느 정도일까요?" 곤혹스런 공기 속의 침묵을 비집고 제가 겨우 이렇게 물어보았어요.

그러자 한참을 생각하던 경석씨가 대답을 했죠. 말이 '자율적으로'지 이미 소송에 와서 자율이 아니라 강제로 내게 되었는데 정말 자율적으로 줄 수 있는 매달의 금액이 그 적은 월급에서 얼마나 나올 수 있을까요. 한참 동안 생각해보고 있는 경석씨를 우리 모두 기다릴 수 있을 만큼 이해가 되는 상황이었죠.

"한 40만 원?"

저는 재빨리 그 말을 받았습니다. "그래요, 거기부터 시작해봅시다." 옆에 앉은 정혜씨는 금액의 다소를 떠나 그렇게 말해준 것이 고맙고 다행이라는 안도의 표정이었거든요.

경석씨는 '시작'이라는 말이 신경이 쓰였는지 저에게 되물었어요.

"그럼 또 와야 하나요?"

사실 저도 그날 바로 조정을 성립시키기는 어려웠지만 그렇다고 그 이후에 어떻게 해야 할지 잘 모르겠는 상태이기도 했어요. 그래서 정혜씨와 경석씨에게 조심스레 말을 떼보았습니다.

"이 사건은 판결로 할 수도 있고 조정으로 할 수도 있는데요. 피고가 감사하게도 인지에 대해서나 양육비에 대해서나 협력적이셔서 일도양단 판결보다는 양쪽 상황과 원하는 내용을 잘 반영한 조정으로 할 수 있을 것 같아요. 그런데 양육비 액수는 적정성을 좀 더 봐야 할 것 같으니 일단 이번 달 지급하시면서 어떠신지 양쪽 모두 한번 보시고요. 면접교섭은 어찌해야 할지 문제인데, 사실 저도 현재 상태로는 잘 모르겠어요. 이게 판사가 그냥 막 정할 수 있는 그런 성격이 전혀 아니기도 하고요. 우리가 양육비 얘기도 어렵게 했는데, 사실 면접교섭은 아마 두 분 다 생각지 못하셨을 수 있어요."

그리고 계속 말을 이었습니다.

"하지만 아마 피고도 아기에 대해서도 궁금하다거나 그런 생각이 한번은 있으셨을 수 있고 또 앞으로 양육비를 주게 되면 아기에 대한 생각이 드실 수 있을 거 같아요. 원고도 아이 아빠인데 '아이랑은 어떻게 되나' 그런 생각이 한번은 스쳤을 수도 있고요. 법을 말하자면, 피고가 아빠라면 양육비 지급의무가 있는 것처럼 아이에 대해 면접교섭할 권리도 있고, 아이 쪽에서도 아빠에 대하여 면접교섭할 권리가 있습니다. 그에 따라 양육자인 원고는 만약 아이와 아빠가 면접교섭을 원한다면 그에 협력할 의무가 있고요."

대체 무슨 얘긴가 싶어 하는 표정들을 앞에 두고 제 목소리가 점점 작아졌지만 그래도 용기를 내어 제안을 해보았습니다.

"법 원칙은 그렇다는 얘기입니다. 아마 피고는 본인에게 이 '아빠'라는 말도 굉장히 어색하고 힘들 수 있는 상황일 텐데요. 이런 상황에서 갑자기 '면접교섭에 대해 얘기하자' '면접교섭에 대해 정하자' 이럴 수는 없다고 보고요. 제 생각에는 지금 쌍방이 모두 혼란스럽고 경제적으로나 그 외에도 여러 가지로 어려운 상황이고, 우리 조정위원님이 마침 부모 자녀 관계에 관한 전문적인 상담을 하시는 분으로 법원 상담위원이기도 하시니, 제가 상담 절차로 돌려드릴게요. 우리 조정위원 겸 상담위원님과 상담 절차에서 얘기를 찬찬히 나눠보시면서 이 상황에 각자 적응을 하고 충분히 여러 가지 고려를 해보면서 최종적인 조정조항을 만들어가기로 하면 어떨까요." 이어서 두 사람에게 좀 더 구체적인 권고도 덧붙였어요.

"물론 그 상담을 두 분이 같이 하실 필요가 전혀 없어요. 두 분은 각자 아이를 중심으로 엄마와 아빠일 뿐 두 분 사이에는 아무 관계가 없으신데, 그런 두 분 사이에서 아이 양육에 관한 책임 분담은 어떤 식으로 하면 좋을지 우선은 각각이 상담위원님과 상담을 여러 번 하면서 충분히 적응과 생각을 해보고, 꼭 필요한 부분에 한해서만 만나거나 의논을 하는 등으로 편하게 진행해가시면 좋을 듯합니다. 우선은 이번 달 양육비를 아까 말씀하신 금액으로 지급해보시고서 양쪽 모두 생활하기가 어떠신지 한번 보시죠. 그리고 나서 첫 상담일을 잡아 각각 상담위원님과 방금 제가 말씀드린 상담을 해보시면서 다음 단계를 무리하지 않게 의논해

가시는 거죠. 어떠세요?"

그날 정혜씨와 경석씨는 그렇게 해보겠다며 돌아갔고, 저와 그 조정위원 겸 상담위원은 의논을 이어갔던 것으로 기억합니다. 우진이가 지금은 아기이지만 자라면서 아빠와 가정에 대한 인식이 생겨갈 것이고, 또 자기 자신의 정체성이 생겨갈 것인데, 그때 우진이가 오롯한 한 인간으로 건강하고 단단하게, 이 사회에서 누구에게도 주눅 들지 않고 씩씩하게 자라기 위해서는 무엇이 필요할까요. 우진이가 잘 성장하려면 비록 엄마와 아빠가 혼인관계를 포함해 아무런 관계가 없더라도 최소한의 '양육책임'을 분담하기 위한 기본적인 '협력관계'는 맺을 수 있어야 하겠지요. 그렇다면 그 협력관계는 어떤 형태로 맺으면 좋을지, 그것을 위해 법원은 무엇을, 어떻게 지원해주면 좋을지 등에 대해 저와 조정위원 겸 상담위원은 계속 의논했던 것입니다.

사실 이 글을 읽고 있는 여러분뿐만 아니라, 그 당시 저와 그 조정위원 겸 상담위원, 그리고 정혜씨와 경석씨 모두 그 답을 알지 못했습니다(물론 지금도 그렇고요). 다만 아이를 위해, 그리고 그 부와 모를 위해 무엇이 최선일지를 함께 찾아가면서 그것을 실현해보기 위해 노력할 뿐이지요.

그 이후에 경석씨는 몇 차례 상담을 하면서 자신의 힘든 점, 어려운 점과 함께 속 얘기도 많이 털어놓으며 그 상황에 적응해

갔습니다. 매달 40만 원의 양육비가 아이를 키우기에 충분한 돈은 아니더라도 경석씨 월급에서는 큰돈이었는데 그래도 날짜를 어기지 않고 지급했어요. 그리고 어느 정도 시간이 지났을 때, 한번은 아이를 보고 싶다고 의사를 밝혀서 정혜씨의 협조하에 우진이를 만나는 시간을 가졌습니다.

신기하게도 그 한 번은 또 다른 한 번으로 이어졌고 그 한 번은 다시 또 다른 한 번으로 이어졌습니다. 양육비를 두세 달 지급하는 사이 경석씨는 우진이를 몇 번 만났고 처음 그냥 한번 보는 것에서 나중에는 몇 시간 돌보는 정도까지 늘어났습니다. 그러한 과정들에 상담위원이 두 사람 사이에서 지지적 역할을 하면서 심적 어려움을 나눌 수 있도록 지탱해주었고요.

다시 조정기일이 열려서 이제는 최종적인 조정조항을 만들고 절차를 마무리하기로 한 날, 제가 막 긴장되고 떨리더라구요. 과연 그분들이 어떻게 지내왔을지, 오늘 어떤 얘기들을 하실지, 잘 마무리를 할 수 있을지 여러 걱정이 올라왔어요.

그런데 막상 조정실에서 만난 정혜씨와 경석씨의 얼굴을 보고는 깜짝 놀랐습니다. 생각보다 두 분 모두 얼굴이 밝았거든요. 정혜씨는 여전히 캡 모자를 쓰고 왔지만 전보다 안정되어 보였고 위축된 모습이 아니었어요. 혼자 아이를 키우고 살아가는 것에 대한 불안에 짓눌리고 자책으로 스스로 힘겨워했던 이전 모습과 달리, 좀 더 차분하고 씩씩해 보였습니다. 그도 그럴 것이 매달 40만

원이라는 정기금을 받는 것이 생각보다 큰 안정감을 주었고, 생각지 않게 경석씨가 아기를 잠깐씩 봐주는 시간이 주어지면서 정혜씨에게는 여유가 생긴 것 같았습니다. 정혜씨는 파트타임 일자리를 구하고 있는데 곧 자리가 날 것 같다면서 "고맙다"는 표현을 덧붙였습니다. 누구한테 고맙다는 건지 말하지 않았지만 거기 있는 우리 모두 그 대상이 경석씨인 것을 다 알 수 있었지요. 그러지 않아도 되는데 정혜씨는 고맙다는 말을 하기도 미안한 심적인 상태가 남아 있던 듯해요.

하지만 정말 그러지 않아도 된다는 것을, 그날 정말 너무 밝아진 표정으로 온 경석씨를 보면 누구나 알 수 있었을 겁니다. 제가 사전에 상담위원께 보고받기를, 경석씨가 처음 아기를 한 번 본 후에는 한 두세 주 간격으로 우진이를 만났는데, "생각보다 잘 보시더라구요"라는 얘기를 들었던 터지만, 사실 어땠는지 좀 걱정이 되었거든요.

"우진이를 몇 차례 면접교섭, 아, 이런 용어가 좀 어색하시죠? 법적으로는 면접교섭이라고 하고 좀 이따가 조항으로도 면접교섭이란 용어를 써서 정리할 거라 이렇게 말씀드려요. 몇 번 면접교섭으로 보셨는데 어떠셨어요?"

경석씨는 별 대답을 하지 않고 "그냥 뭐"라고 얼버무렸지만, 저의 걱정을 불식시킬 정도로 표정이나 태도가 편안해 보였습니다. "그냥 뭐"에는 많은 답변이, 본인 스스로도 말로 표현하기 어려운 말들이 담겨 있는 것으로 들렸어요. 어려운 경제적 처지에 있는 미혼의 청년이 갑자기 자녀가 생겨서 양육비를 내야 한다는 것이 청천벽력으로 들렸던 때가 몇 달 전인데, 막상 그 아기를 만나보니 생각지 못한 다른 세상이 갑자기 펼쳐진 거죠. 자신의 아들인 우진이가 눈을 똑바로 맞춰 맑게 쳐다보는 느낌, 손을 대보려고 하자 꼼지락거리며 경석씨의 손가락을 꽉 쥘 때의 감각, 이 살아 숨 쉬는 경이로운 한 존재를 만났을 때의 그 느낌을 무엇으로 표현할 수 있을까요. 조심스레 안으려 하자 불편한 듯 버둥대며 낑낑거리다가, 잡는 위치나 자세를 바꾸어보자 차츰 그 생경한 돌보는 몸에 적응하며 경석씨 자신의 품에 우진이가 안기던 경험을 어떤 단어로 표현할 수 있을까요. 어쨌든 경석씨는 우진이를 처음 만난 시간이, 그 후에 두 번째 만난 시간도, 또 그 후에 이어진 시간들도 나쁘지 않았던 것으로 보였습니다. "앞으로도 계속 만날 수 있겠다"라는 말을 하는 경석씨의 표정을 보면, 오히려 무언가 경석씨의 삶에 새로운 활력이 될 수도 있겠다는 느낌마저 들 정도였으니까요.

"얼마나 자주 만날 수 있겠느냐", "양육자나 아기에게, 특히 지금 우진이 연령의 아기에는 정기적인 약속이 지켜지는 것이 안정적인 성장에 꼭 필요할 수 있다"라는 말에 대해, 경석씨는 "격주로 일요일 오후에 시간을 낼 수 있으니 그때 보겠다"고 하면서 정혜씨가 셋째 주 토요일 오후에 파트타임 일을 할 동안에도 우진이를 보겠다고 했어요. 게다가 직접 우진이를 만나서 시간을 보내다 보니 우진이에게 여러 가지 필요한 것들이 많이 보이고 양육비가 더 많이 필요하겠다는 생각이 스스로 들었는지, 자신이 지금은 월급이 적어서 어렵지만 이듬해 1월부터는 양육비를 월 50만 원씩 주겠다는 말을 먼저 꺼냈습니다. 그에 대해서 물론 정혜씨도 동의했고요. 판사인 저로서는 우진이가 성년이 될 때까지 계속 양육비가 그 수준으로 유지된다면 충분치는 않겠지만, 경석씨가 계속 우진이 면접교섭을 잘하는 한 지금처럼 스스로 양육비를 올려 줄 가능성이 있고, 또 우진이를 데리고 있는 동안 직접 쓰는 돈도 있기 때문에 일단 그 상태에서 그 금액에 대해 가타부타 말을 하지 않았습니다(게다가 양육비 청구 비송은 기판력이 없어서 사정변경 등의 경우에 언제든지 증액 또는 감액 청구를 할 수 있는 것이고요).

그래서 경석씨의 우진이에 대한 인지, 그리고 양육자와 친권행사자는 정혜씨로 정하고, 양육비와 면접교섭에 대해서는 위에서 얘기한 내용과 그날 더 구체적으로 의논한 내용들로 조정조항을 정한 후, 그날 조정 성립으로 사건은 마무리되었습니다.

이 글을 읽는 분 중에는 '경석씨가 미혼 청년인데 저러기가 쉬웠을까' 생각하실 분이 계실 거예요. 하지만 경석씨가 다른 여성과 결혼한 유부남, 게다가 그 가정에서도 자녀가 있는 아빠였다면 상황이 어땠을까요. 더 어려운 여러 문제가 있을 수 있겠죠. 아닌 부분도 있겠지만요. 즉, 단순히 어떤 처지인가만 놓고 말할 수는 없다는 뜻입니다. 정혜씨의 입장에 대해서도 마찬가지로 헤아

려볼 수 있어요. 요컨대, 어떤 상황과 처지이든지 혼인외 관계에서 아이가 온다는 것은 쉽지 않은 일일 것이라는 말씀을 드리고 있습니다.

다만 제가 정혜씨와 경석씨 사건에서 이 두 분에게서 배운 것이 있습니다. 위 문장을 거꾸로 말해서, 즉 '아이가 온다는 것은 혼인중이든 혼인외든 실로 이루 말할 수 없이 크고 경이로운 일이다'라는 것이었어요. 혼인한 부부 중 아이를 기다리지만 오지 않는 경우도 있고, 원치 않는데 갑자기 아이가 오는 경우도 있습니다. 혼인과 상관없이 어느 날 누군가에게 아이가 올 수도 있는 거고요.

우리는 어떻게 이 세상에 왔을까요. 사람이 이 세상에 오는 것을 법 제도로 딱 잘라 혼인이냐 아니냐로 재단하고 평가할 수는 없다는 생각이 들어요. 그리고 어떻게 오든 이 세상에 온 우리는 모두 한 사람 한 사람 소중한 존재들이고요. 이 세상에 아기가 왔을 때 우선해서 생모, 생부에 의해 애정 어린 돌봄으로 키워질 권리가 어떤 아기에게든 있다고 봅니다. 적어도 우리 사회는 그러한 환경과 여건을 차별 없이 모든 아이에게 제공해야 하고요.

정혜씨와 경석씨는 쉽지 않은 과정이지만 그들에게 온 우진이를 실천적인 환대로 맞았고 각자 자신의 몫을 다하면서 우진이를 마주했지요. 그런 우진이로부터 정혜씨가 받은 선물, 경석씨가 받은 삶의 선물은 우리가 몇 마디 말로 헤아리기 어려울 거예요. 돈으로 환산할 수 없는 것은 물론 어떤 보물보다도 귀한 가치가 경석씨와 우진이 사이의 관계에서(물론 정혜씨와 우진이 사이에서도) 발견되고 커가고, 또 그것을 지혜씨와 경석씨 모두 누릴 수 있게 되리라 기대됩니다.

사람이 사람과 만난다는 것의 가치를 일깨워준 경석씨와 정혜씨, 그리고 우리에게 와준 귀한 우진이에게 전 아직도 그 고마움을 생생히 느낍니다.

유엔 총회,
아동 보호와 복지에 관한 사회적·법적 원칙에 관한 선언(1986)*

2. 아동 복지는 곧 가족 복지다.
Child welfare depends upon good family welfare.

- 유엔은 1986년 제41차 총회를 통해 아동 보호와 복지에 관한 사회적·법적 원칙에 관한 선언(Declaration on Social and Legal Principles relating to the Protection and Welfare of Children, A/RES/41/85)을 채택했고, 이 선언 제A편 가정과 아동 복지에 대한 일반 원칙(General Family and Child Welfare)에 실려 있다.

부모가 부모다워야
아이가 제자리를 찾는다

"이혼과 재산분할, 친권자 및 양육자, 양육비, 면접교섭에 관해 모든 합의가 원만히 끝났으니 신속히 조정기일을 지정해주시기 바랍니다."

조정전치주의˚가 적용되는 이혼 사건에서 공들여 권유해도 조정이 안 되는 경우가 허다한데 당사자들이 스스로 조정을 하겠다니 반가운 마음에 빠른 날짜로 조정기일을 열었습니다.

중학교 2학년 아들 서훈이를 두고 남편을 상대로 이혼 소송을 낸 창숙씨의 소장에서는 사실 뚜렷한 귀책사유를 찾기는 어려

- 가사소송법 제50조에 의하면, '조정전치주의'라는 제목으로 일정한 종류의 가사사건에 관해서는 소송 제기나 심판 청구 전에 먼저 조정을 거치도록 하고 있습니다. 가정 내 분쟁의 특성상 일도양단적 재판보다는 당사자들의 자율에 기반한 조정에 의한 분쟁 해결이 더 낫다는 것을 법 자체가 인정하고 있다고 볼 수 있습니다.

운 이유로 이혼을 원하고 있었어요. "대화가 전혀 안 됩니다", "고집이 세고 이해심이 전혀 없습니다", "모든 것을 자기 마음대로만 합니다", "뒤늦게 얻은 서훈이 때문에라도 참고 살려고 부단히 애썼지만 도저히 더 이상 견딜 수가 없습니다"와 같은 문장들 끝에 창숙씨는 혼인관계 파탄을 들어 이혼을 구하고 있었습니다.

반면 남편 정근씨의 답변서에서는 "이혼을 원하지 않습니다", "아직도 아내를 사랑합니다", "제가 좀 더 노력을 하겠습니다", "우리 혼인은 아직 파탄되지 않았고 저는 절대 이혼할 수 없습니다"라고 하면서 창숙씨의 이혼 청구를 기각해줄 것을 청하고 있었지요.

이와 같이 민법 제840조 제6호 '기타 혼인을 계속하기 어려운 중대한 사유'로서 혼인관계 파탄을 이혼 사유로 주장하는 경우, 부부 관계의 기초가 되어야 하는 애정과 신뢰가 상실되어 회복할 수 없을 정도로 혼인관계가 파탄되었는지 여부를 심리하게 되는데요. 창숙씨의 주장은 뚜렷한 이혼 사유를 알기 어려운 반면, 아내를 사랑하고 자신이 더욱 노력하겠다는 정근씨의 답변 자체가 어찌 보면 혼인관계의 파탄이 아직은 아니라고 볼 근거가 될 수 있어서, 판단이 쉽지 않은 사건이었죠.

그런데 두 분이 합의를 하고 조정기일을 지정해달라 하니 '판단에 대한 부담'을 다소 내려놓고 조정기일에 창숙씨와 정근씨를 만났습니다.

두 분이 합의해온 내용은 이랬습니다. 이혼하되 위자료는 서로 주고받지 않고, 현재 정근씨 명의의 아파트를 담보로 창숙씨에게 오피스텔을 얻어주는 것, 즉 오피스텔 전세금 정도의 금액을 정근씨가 창숙씨에게 주는 것으로 재산분할을 하기로 했더군요. 그리고 중2 아들 서훈이의 친권자 및 양육자는 정근씨로 하고, 원래 살던 아파트에서 정근씨와 서훈이가 그대로 살면서 창숙씨가 서훈이와 한 달에 2회씩 주말에 면접교섭을 하기로 했고, 창숙씨가 현재는 직장이 없지만 직장을 구하는 시간을 둬서 6개월 정도 이후부터 월 50만 원씩 양육비를 정근씨에게 지급하기로 되어 있었어요.

언뜻 보기에는 전체적으로 무난한 합의 내용이어서 얼른 조정을 해드리려고 그 내용을 하나씩 확인하며 조항으로 정리해나가기 시작했습니다. 그런데 웬걸요. 간단한 조항 하나 정리하는 데에도 생각지 않게 시간이 너무 걸렸어요. 창숙씨는 입을 꼭 다물고 간단히 "예", "아니요" 외에는 거의 말을 하지 않았지만, 주로 말을 많이 했던 정근씨와의 대화가 참 쉽지 않았습니다.

우선은 간단한 질문에도 동문서답을 하는 경우가 많았는데, 예컨대 위자료를 서로 청구하지 않기로 한 것이 맞느냐는 질문에 "자기는 잘못한 것이 하나도 없다"는 말만 반복하는 식이었어요. 그러면 질문의 의미를 분명히 전달하기 위해 다시 명확히 질문하거나 질문에 대해 설명하게 되는데, 정근씨는 그 도중에 끼어들어

말을 하거나 되묻기도 했어요. 그러한 말들은 여전히 동문서답이 거나 혹은 전혀 상관없는 내용이기도 했어요. 예컨대 재산분할금 지급 기한을 정하려고 아파트 담보 대출을 언제쯤 받을 것이라고 예상하는지 묻고 있는데, 거기에 "재산이 아파트 하나뿐이라 대출을 받아야 돈을 주지, 대출 못 받으면 돈을 줄 수 없다"는 말을 반복하는 식이었죠.

시간만 자꾸 흘러가자, 옆에서 창숙씨는 답답해하면서 한숨을 쉬었습니다. "이렇게 대화가 안 된다니까요. 자기 말만 해요." 사실 소장만 봐서는 창숙씨가 주장하는 이혼 사유가 잘 이해되지 않았지만 정근씨와 한 30분만 말을 섞어보니 '아하!' 하고 창숙씨의 말을 알 수 있었습니다.

정근씨는 상대방이 무슨 말을 하든 자기가 하고 싶은 말만 반복하는 패턴으로 말하는 사람이었고 자신의 의견을 고집스럽게 고수하는 경향이 있더군요. 거기에 사고의 흐름도 폐쇄성이 강해서, 결국 상대방으로서는 정근씨에게 무엇을 전달하고자 해도 막히기 일쑤고 그 결과 정근씨 역시 인지나 의사 결정에서 자기중심성을 벗어나기 쉽지 않겠다 싶었습니다. 그날 정근씨가 했던 말들을 이어 이해해보면, 판사가 이혼 조정조항을 정리하기 위해 무엇을 묻든 무엇을 말하든, '나는 잘못이 없는데 왜 이혼해야 하는지 모르겠다. 이혼은 해주지만 다른 것은 해주기 싫다'라는 취지의 말을 반복해서 토로하고 있었던 듯합니다.

그런 정근씨를 창숙씨가 겨우 설득해서 이혼하기로 하고 데리고 나온 것이었죠. 그러니 말이 재산분할금으로 오피스텔 전세금을 해준다는 것이지, 원하는 조건의 대출이 안 되면 재산분할금을 안 주겠다는 것이 진의였고, 서훈이의 친권자, 양육자, 양육비 등 양육사항도 창숙씨의 의견과 달리 정근씨가 원하는 대로 마지못해 합의해서 나온 상태였습니다. 조정조항 정리에 진척이 없이 시간만 가자, 창숙씨는 그냥 이혼만 해주면 나머지는 아무래도 좋다는 식이 되었어요. "판사님, 이렇게 20년 이상 살았어요. 제발 빨리 이혼만 좀 시켜주세요."

그날 창숙씨는 이혼을 할 수 있었을까요. 안타깝게도 창숙씨는 아직은 답답한 채로 집에 돌아가야 했습니다. 다른 사항들은 차치하고라도 자녀의 양육사항은 창숙씨가 무조건 다 동의한다고 해도 정근씨 원하는 대로만 정해질 수 없는 것이니까요. 민법 제837조, 제843조에 의하면, 이혼하려는 부모는 자녀의 양육사항을 자녀의 복리에 부합하게 정하도록 협의해야 하고 법원은 그 협의가 자녀의 복리에 부합하는지 심사할 의무가 있으므로, 정근씨 마음대로 정하거나 창숙씨가 자포자기한 심정으로 무조건 그에 동의하거나 해서 정하는 것은 말 그대로 '위법한' 것이죠.

중2 서훈이에 대한 양육사항, 즉 친권자 및 양육자, 양육비, 면접교섭을 적법하게 정하기 위해서 결국 아동 상담위원에게 서훈이를 보내 심리적 조정조치를 하는 과정에서 서훈이의 복리에 부합하는 내용을 확인하도록 하였습니다.

"아니, 내가 친권자인데 뭘 더 확인하겠다는 겁니까. 부모가 합의했다는데 왜 법원이 관여를 합니까." 이렇게 반복적으로 항의하는 정근씨에게 위 민법 조항과 양육사항 결정을 위한 가사소송법에 따른 절차를 설명하는 데 꽤 애를 먹었지만, 그렇다고 '서훈이의 복리'를 타협하거나 포기할 순 없었으니까요.

서훈이에 대한 상담은 청소년 상담 경험이 많은 아동 상담위원에게 맡겨졌는데요. 첫 회기에 서훈이는 비교적 밝고 씩씩한 모습으로 와서 상담을 잘하고 갔다고 했어요. 부모님이 이혼할 예정임을 잘 알고 있었고 기특하게도 잘 수용하고 있다고 했습니다. 자신은 아빠랑 살 것이고 엄마와는 가끔 잘 만나겠다고 했으며 현재 공부도 열심히 하고 있다면서 컴퓨터 쪽으로 진학하려 한다는 장래희망도 적극적으로 밝혔다고 했습니다. 그나마 정말 다행이다 싶었습니다.

그러한 상태로 별다른 특이사항 없이 서훈이의 상담 회기가 이어졌는데요. 상담위원이 보고하기를, 6회기 정도 상담을 이어가면서 양육사항을 살펴보았는데 워낙 서훈이가 부모의 이혼에 잘 적응하고 있고, 아빠와 살겠다는 의사가 분명하며, 엄마와의 면접교섭도 원활히 될 것 같고, 스스로 학업이나 학교생활도 성실히 하고 있으니 특별히 걱정할 것이 없어 보인다고요. 그래서 다음 7회기에 상담을 종결하고자 한다고 하였습니다.

그런데 마지막 7회기를 마친 날, 상담위원으로부터 다급히 연락이 왔습니다.

"판사님, 서훈이 양육사항을 바꿔야 할 것 같아요. 서훈이는 아직은 엄마가 데리고 있어야 할 것 같아요. 그리고 한두 번 상담을 더 하는 것이 좋겠습니다."

덩치 큰 중학교 2학년생으로 자기 의견을 또렷이 잘 말하던 서훈이가 이제 상담 선생님과 마지막 상담 시간이 되고 보니, 갑자기 눈물이 터져서 펑펑 울더랍니다. 그러면서 사실은 엄마 아빠가 이혼하는 것이 너무 슬프고 자기는 엄마와 떨어져 살기 싫다고 하더랍니다. 그러면 왜 그동안 아빠와 살겠다고 했냐 물으니까, 엄마가 이혼하겠다고 하는데 자기까지 아빠를 두고 엄마랑 나가겠다고 차마 말할 수가 없었다고 울면서 말하더랍니다. 서훈이는 씩씩해 보였지만 마음이 여리고 섬세한 아이였고 엄마를 아직은 너무 좋아해서 헤어지기 싫었지만 한편으론 사랑하는 아빠도 내버려둘 수 없었던 거죠.

사실, 관계 평가 결과가 엄마 쪽이 훨씬 좋았으며 아이를 돌보고 의사소통하고 그 외 모든 면에서 엄마 쪽의 양육 능력이 훨씬 나았는데, 그동안 워낙 분명히 서훈이가 아빠와 살겠다고 하니 그러한 의사를 존중하는 방향으로 양육사항을 살펴보고 있었던 것이었을 뿐, 상담 과정에서 결국 아이의 속마음이 드러나고 또 아이에게 필요한 것들이 발견되니 종전 방향을 유지할 수는 없게 되었지요.

그 후 필요한 몇 회기의 상담을 거쳐, 서훈이가 중학교 2학년생으로 어른 키만큼 컸지만 아직은 엄마의 보살핌이 필요한 아이였고 아빠보다는 엄마와의 관계가 더 양호했으며 특히 의사소통 능력과 아이에 대한 이해 및 수용의 측면에서 엄마 쪽이 훨씬 낫다는 점이 확인되었어요. 반면 아빠 쪽은 서훈이와 의사소통 문제도 있었지만, 특히 좋지 않은 것은 정근씨가 아내와 소통이 안 되며 힘든 것이나 부부간 이혼 문제를 아들인 서훈이를 붙잡아 앉혀놓고 하소연하거나 서훈이를 통해 창숙씨를 조종하려 하는 등 (예컨대, "네가 엄마한테 아빠랑 이혼하지 말라고 말해라")으로 인해 서훈이가 정서적으로 심한 스트레스 상태로 몰린 점 등이 드러났고요.

그와 같은 상황에서 서훈이는 오히려 엄마 대신 아빠의 아내 역할을 떠맡게 되거나, 자녀인 서훈이가 오히려 정근씨의 부모처럼 정근씨를 심리적으로 돌보는 관계를 맺게 되면서 아빠와 같이 살겠다고 했던 것이죠. 그렇게 철이 일찍 든 서훈이의 복리를 위해서는 친권자 및 양육자를 엄마로 하고, 아빠와의 관계는 재조정할 필요가 있었으며 아빠가 양육비를 지급하고 면접교섭을 자주 하는 것이 바람직하다는 결과가 나왔어요. 그러려면 재산분할도 재협의를 해서 엄마 쪽에 적어도 방 2개 이상의 주거를 마련할 방안을 찾아야 했죠.

"아빠가 서훈이에게 아빠가 되어주어야지, 서훈이가 도리어 아빠를 돌보면 되겠어요? 서훈이가 덩치만 컸지 아직은 엄마가 필요한 아이인데 이혼한다 해서 서훈이에게 엄마가 없어지면 서훈이에게 해롭겠지요?"

다시 열린 조정기일에 정근씨도 이 말에는 반문하거나 고집을 부리지 않았습니다. 서훈이를 사랑하는 마음만큼은 여느 아빠들 못지않았기에 아동 상담위원을 통해 나타난 서훈이의 마음이나 상태에 대해 정근씨가 자신을 되돌아보며 반성을 많이 하고 상담위원의 조언을 받아들이기 시작했거든요.

유엔 아동권리협약 제3조 제1항에 의하면, 아동이 관련된 사안에서는 아동의 최선의 이익을 최우선으로 고려할 의무가 모두에게 주어져 있습니다. 부모가 이혼할 때 자녀의 양육사항에 관하여도 자녀의 최선의 이익을 최우선으로 고려하여야 하고, 그것이 우리 민법상 '자녀의 복리'를 기준으로 양육사항을 정하라는 조항에 반영되어 있습니다.

따라서 이혼 후 양육사항은 어느 한쪽 부모의 독단이나 편의, 부모 간 타협으로 정해서는 안 되고 전적으로 '자녀의 복리' 또는 '자녀의 최선의 이익'을 고려하여 정해야 하는 것입니다. 이를 위해 고려해야 할 '자녀의 의사'는 중요한 요소입니다만, 서훈이의 예에서 보는 바와 같이 그 표면적 의견이나 혹은 한두 번 만나서 물어보아 듣는 말로 파악해서는 안 되고, 충분한 시간을 두고 아동에게 적절한 방법을 통해 아이의 진정한 의사, 마음, 필요(needs)

등을 종합적으로 제대로 파악해야 하는 것입니다.

　서훈이는 성실하고 훌륭한 아이입니다만, 일찍 철이 들고 훌륭하기보다는 그 나이 아이답게 철없어도 행복하게 자라는 것이 더 낫지 않을까 하는 생각도 한편 들었습니다. 부모인 우리가 자녀를 지켜야지, 자녀들더러 부모인 우리를 지키게 할 수는 없지 않을까요. 부모가 부모답게 자녀를 대하여 자녀는 자녀답게 편안히 자랄 수 있도록 함으로써 사랑하는 우리 아이들을 지켜야 하지 않을까요.

　한편 아이들을 잘 키우기 위한 국가의 책임에 대한 유엔의 선언도 알아보지요.

**유엔 총회,
아동 보호와 복지에 관한 사회적·법적 원칙에 관한
선언(1986)**

1. 모든 국가는 가족 및 아동 복지에 최우선순위를 두어야 한다.
2. 아동 복지는 곧 가족 복지다.
3. 아동의 최우선순위는 친부모의 돌봄을 받는 것이다.
4. 아동의 부모가 돌볼 수 없거나 적절치 않을 때 친척, 위

　　　　탁가정, 입양가정, 그리고 필요하다면 적절한 기관이 고려되어야 한다.

5. 아동을 부모의 돌봄 밖에 두는 모든 문제에 있어서 아동의 최선의 이익, 특히 애정이 필요하다는 것, 아동의 안전과 지속적 양육에 관한 권리가 우선적으로 고려되어야 한다.

마치며

남은 이야기들

부모가 자녀를 '면접'하고 '교섭'하는 것이 아닌 '양육'하는 용어로

'면접교섭'이란 말은 책 한 권으로 써도 여전히 그 용어가 입에 안 붙고 어색하기만 합니다. 판사인 저도 그렇습니다. 부모가 자녀를 만나는데, 아이가 엄마 아빠를 만나는데, '면접'을 본다거나 '교섭'을 한다는 게 너무 이상하지요. 부모와 자녀 관계가 '면접'이나 '교섭'을 하는 관계가 아니니까 이 단어에서 생성함이 느껴지는 것이 당연하고, 말이란 것이 단지 많이 사용한다고 해서 어색함이 사라질 리 없다는 것 또한 당연할 터입니다. 단어 각각이 내포한 본래 뜻이란 게 있는 법이니까요.

아마도 '면접교섭'이란 말이 처음 민법에 들어왔을 당시 부모와 자녀가 만나는 것에 대한 사회의 인식 수준이 그 정도밖에 되지 않았기 때문에 이 단어를 썼을 것이라 생각은 됩니다. 이혼하면 부부가 헤어지면서 자녀들도 한쪽 부모와만 살고 다른 쪽 부모와는 헤어져야 한다는 전제 위에서, '그래도 자식인데 얼굴 한 번씩은 보게 해줘야지' 같은 식으로 비양육친에게 주어지는 '겨우 아이를 만나보는 정도의 권리'를 나타내는 말로는 아마 '면접교섭'이 제격이었을 겁니다. 게다가 아직도 우리 사회 일각에서는 이와 같은 시각이 일소되지 않았고 여전히 이런 생각을 하는 분들이 있습니다.

그러나 아이 입장에서 본다면요. '부모끼리 이혼한다는 이유로 어느 날 갑자기 엄마랑 헤어진다? 아빠랑 헤어진다?' 이 얼마나 청천벽력 같은 소리일까요. 일종의 재난과도 같은 상황이 아닐 수 없습니다. 그리고 부모와 자식이 그저 한 번씩 만나보는 정도로 어찌 그 자녀를 제대로 키울 수 있을까요. 한 아이가 태어나 성인이 되기까지는 거의 20년이라는 세월이 필요하고 그동안 부와 모가 협력하여 정성에 정성을 다해도 한 아기가 사람으로서 온전한 성인으로 건강히 자라기가 어려운데 말이죠. 설령 부모의 이혼으로 같이 사는 부모 밑에서 크지는 못하게 되었을지라도, 따로 사는 부모일지언정 '양육 협력의 유지'는 자녀에게 보장되어야 하지 않을지요. 자녀는 부모로부터 협력적 양육받을 권리가 있는 것 아닐지요.

부모 간의 이혼에도 불구하고 자녀에 대하여는 '협력적 양육 관계'를 유지하기 위해 필요한 관계 설정을 표현할 적절한 말은 무엇일까요. 이 책 전체에 걸쳐 저는 이에 관해 부모 간 '양육 시간의 분배'라는 말을 제안하고자 했습니다. '면접교섭'이라는 용어 자체가 제한하고 있는 면접교섭에 대한 이해 또는 용어 자체가 조장하는 면접교섭에 대한 오해를 불식시키기 위해서는 그 뜻을 적절히 담을 수 있는 적절한 용어부터 사용했으면 했던 거지요.

아동권리협약 제9조에는 이러한 부모 자녀 관계에 대해 **직접 접촉한거나 만나야 하고(direct contact), 개인적인 관계(personal relations)를 유지**하되, **정기적(on a regular basis)**이어야 한다고 표현하고 있습니다. 미국의 경우 여러 주에서는 아예 이를 포괄적인 개념, 예컨대 **공동양육(co-parenting)**이나 **양육 시간(parenting time)**으로 규율한 지 오래입니다. 캘리포니아, 워싱턴, 오리건 등은 이혼하더라도 부모의 공동양육을 강조하고 있고, 캘리포니아, 오리건, 일리노이 등에서는 면접교섭에 관하여도 양육 시간이라는 용어로 이를 규율하고 있습니다.

우리도 '면접교섭'이라는 용어를 아예 '양육 시간 분배'로 개정하였으면 하는 것이 저의 바람입니다. 즉, 부모의 자녀에 대한 양육은 권리가 아니라 의무이고, 부와 모가 함께 져야 하는 공동의 의무이며, 이혼이나 기타 사정으로 또는 부나 모 일방적으로 면할 수 있는 것이 아니므로, 이혼 등에도 불구하고 부와 모 공동의 양육 의무는 변함없이 지속되어야 합니다. 이때 이혼 등으로 부와 모가 별거하게 되면 공동의 양육 의무는 부와 모에게 각각 시간과 돈의 분배, 즉 '양육 시간의 분배'와 '양육 비용의 분담' 문제로 바뀌어야 하는데, 여기서 '양육 시간 분배'는 우리 법의 '면접교섭'으로, '양육 비용 분담'은 '양육비' 문제로 규율되어야 한다는 것이 요지입니다. 물론 용어 자체를 개정하는 것은 쉽지 않을 테지만, 만약 용어가 빨리 바뀌지 않는다고 하더라도 위에 언급한 바와 같이 현행 면접교섭 용어하에서도 이를 '자녀의 동거친과 비동거친 간의 양육 시간의 분배 문제'로서 잘 규율해야 할 것입니다.

눈치채셨겠지만, 이렇게 '동거친'과 '비동거친'이라는 말로 자녀와의 동거 여부만 기준으로 하여 부르면 '비양육친'이나 '부양육자' 같은 단어가 주는 소외감이나 박탈감 또는 면책적 느낌이 좀 가십니다. 더 중립적인 단어가 되는 것이죠. 이 책에서 소개한 어떤 이야기의 부모처럼 '비양육자'라는 말이 주는 소외감, 즉 "비양육자란 양육자가 아니라는 뜻이니까, 나는 양육자가 되고 싶고 비양육자는 되고 싶지 않기 때문에 수단과 방법을 가리지 않고 끝까지 싸워서 반드시 양육자가 되겠다"고 말하는 부모의 슬픈 소외감은 순전히 용어를 잘못 쓴 법제가 낳은 비극이 아닐 수 없습니다. 동거하지 아니할 뿐 양육 시간과 양육비, 이 모든 양육

의무를 분담하고 있는 부모로서 엄연한 양육자인데 '비양육자'라고 부르다니, 박탈감과 억울함이 들 수 있습니다.

어쨌든 이와 같이 이혼 부모도 적절히 양육 시간을 나누고 양육비를 분담하는 것이 자녀의 최선의 이익을 도모하며 자녀를 잘 키우고 또 부모 간 갈등과 분쟁도 최소화하는 좋은 방법입니다. 실제로 대부분의 사례에서 그러한 협력적 양육 관계의 구축이 자녀의 복리와 부모 간 분쟁을 모두 조화롭게 해결할 수 있는 방안이라는 것을 확인할 수 있었고요. 이 책에서 말씀드린 다양한 이야기들이 그 예였습니다.

지금도 법원의 수많은 사건에서 확인되는 바와 같이, 그리고 앞으로도 결혼과 출산이 계속되는 한 이혼과 양육 의무의 분담 또한 계속 이어질 수밖에 없을 것입니다. 그에 따라 앞서 본 상황들과 결론들은 반복될 것입니다. 인간이 갑자기 획기적으로 진화하여 성장하는 데에 부모가 필요 없게 되지 않는 한, 또는 갑자기 다른 종으로 변이하여 '성장을 위해 부모로부터 제공받아야 할 것' 목록에서 '지속적인 관계 안에서 이루어지는 안정적 애정과 돌봄'이 제거되지 않는 한 말이죠.

너무 멀지만, 때론 국경을 넘어서도
이어지는 부모와 자녀들

기본적인 상황들에서 필요한 말씀은 책 전반에 걸쳐 대체로 다 드린 것 같습니다만, 사실 실제 문제나 상황은 훨씬 더 다양하고 여기에 쓰지 못하거나 쓸 수 없는 수많은 이야기가 있습니다. 예를 들자면, 생각보다 많은 경우에 어쩌다 한 번 시간을 내서 만나는 것조차 어려운 여건에 있는 가족이 상당합니다.

일단 이혼 후 너무나 먼 거리의 지방으로 비동거친이 이사하여 자녀와 떨어져 사는 경우입니다. 이동하는 데에 돈이 많이 드는데 경제적으로 어렵거나 차가 아예 없는 사람들도 있고, 직업상 먼 거리의 이동 시간을 정기적으로 뺄 형편이 안 되기도 합니다. 아기나 어린아이는 이동이 힘드니까 부모가 만나러 온다지만 아이들이 좀 커도 이동이 피곤하고 힘든 것은 사실이고, 격주 또는 번갈아 한 번은 부모가 만나러 오고 한 번은 아이를 이동시켜 보낸다고 해도 아이가 힘듭니다. 그리고 부모도 아무리 어른이라지만 힘들긴 힘듭니다.

이런 경우에도, 아이의 연령과 발달 수준에 맞게 필요한 한쪽 부모(비동거친)와의 시간(parenting time)을 잘 짜보아야 합니다. 가능한 한 정기적인 날짜를 약속하고 이동에 관한 현실적인 방안을 강구하여 교통비와 숙박비 등 면접교섭에 관한 비용이 상당히 소요되면 이를 계산하여 양육비를 조정할 필요도 있습니다.

만약 잦은 이동이 어려워 정기 면접교섭을 1달에 1번으로 정했다면 가급적 숙박면접 등으로 시간을 확보할 수 있도록 하고, 방학 기간 등을 이용하여 더 장기간 함께 지낼 수 있는 시기를 만들어보는 것도 방법입니다. 그러면서 평상시에는 전화를 자주 하고 문자도 자주 주고받아서 관계를 돈독히 하면 됩니다. 만남을 자주 가지지 못하는 대신 영상통화를 잘 활용하는 것 역시 아주 좋은 방법입니다. 영상통화를 한 번 할 때 30분 이상은 하면서 이런저런 쓸데없어 보이는 사소한 얘기들까지도 많이 나누면 좋습니다. 중요한 것은 멀리 떨어져 있어도 관계가 계속 유지되는 것, 정서적 유대가 지속되고 더 단단해지도록 노력하는 것이 아닐지요. 이 관점을 견지하고 마음을 굳게 먹으면 방법은 얼마든지 찾아집니다. 사이가 좋아지면 아이도 창의적인 방안을 스스로 제시하곤 하고요.

때로 이와 같은 방법들은 이혼 후 엄마 아빠가 아예 국경을 넘어 따로 살아야 하는 경우의 면접교섭 방법을 정할 때도 도움이 됩니다. 한쪽 부모는 한국에 있지만, 다른 한쪽 부모는 중국이나 베트남, 또는 일본이나 미국에 살게 되는 경우들이 있었는데요. 아이들이 국내에 있는 부모와 사는 경우도 있고 외국에 나가는 부모와 함께 가는 경우도 있었습니다. 이 경우도 원칙은 같습니다. 방학 등을 이용하여 반드시 정기적으로 1년에 한두 번은 만날 수 있도록 합니다. 비행기표 값이 감당이 되냐구요? 네, 비용이 만만치 않지만 이러한 면접교섭 약속은 결국 비행기표 값을 들여서 소송비용을 아낄 수 있게 됩니다. 부모들이 양육 분쟁을 멈추니까요. 아이와 영영 헤어지게 될 줄 알고 부득부득 내가 키우겠다고 주장하는 부모들을 진정시킬 수 있습니다.

아이가 살아야 할 곳은 아이에 관한 다양한 요소를 고려해서 결정해야 합니다. 어느 나라 또는 어느 도시에서 학교에 다니고 성장하는 것이 좋은지에 따라 결정하되, 반드시 방학 때는 다른 쪽 부모가 있는 나라 또는 도시로 가서 한 달 정도 함께 지내기로 약속합니다. 그리고 그에 수반되는 비용도 계산해보아서 양육비를 책정할 때 고려하면 좋습니다. 아니, 고려해야 합니다. 현실적으로는 결국 매해 꼬박꼬박 이와 같은 장거리 이동 면접교섭은 어려울 수 있고, 점점 한 해가 두 해가 되고 세 해가 되는 등 간격이 벌어질 수 있습니다. 약속을 해놓아도 그러한데 약속마저도 없이 이혼하면 아예 아이가 성인 될 때까지 단 한 번도 못 보는 수가 생기지 않겠습니까. 그래서 꼭 1년에 한 번 이상 비행기 타고 이동해서 부모와 자녀가 만난다는 약속을 이혼할 때 해두는 것은 정말 중요합니다.

이러한 가정에서 앞서 말씀드린 전화, 특히 영상통화를 평상시 활용하는 것은 큰 도움이 됩니다. 예전에는 편지를 면접교섭 조항에 많이 써넣었는데 요즘에는 그럴 필요가 없습니다. SNS가

발달했고 적은 비용이나 무료로 영상통화가 가능하므로 평상시에 매주 정기적으로 시간을 정해서 충분한 시간 동안 영상통화나 통화를 하면 됩니다. 생일에도 돈을 보내서 동거친이 케이크 등을 준비해주도록 협력을 받고 영상통화로 함께 생일축하 노래를 부르며 촛불 끄기를 해줄 수 있습니다. 또한 동거친은 아이의 학교 행사나 중요한 일상에 관해 사진을 찍으면 비동거친에게 보내주어 아이와의 연결과 관계를 계속 유지해주는 방식으로 면접교섭 조력을 할 수 있고요. 부모가 이혼을 안 했어도 형편상 떨어져 사는 가족들 많습니다. 중요한 것은 물리적 거리가 아니라 연결과 관계, 그리고 정서적 유대라고 생각하고 자녀에 대한 사랑을 에너지 삼아 노력하면 생각보다 수월합니다. 왜냐하면 자녀와의 관계가 주는 기쁨과 행복이 어려움이나 힘든 것을 다 상쇄시키고도 남으니까요.

유엔 총회가 채택한 아동의 권리에 관한 결의안(A/RES/60/231)은 제9조에서 부모가 서로 다른 국가에 거주하는 아동에 대하여, 예외적인 상황을 제외하고는 정기적으로 양국에서 접근 및 방문 수단을 제공하고 양쪽 부모가 자녀의 양육과 발달에 대해 공동 책임을 진다는 원칙을 존중함으로써 양쪽 부모와의 개인적인 관계 및 직접 접촉을 유지할 수 있는 아동의 권리를 보장해줄 것을 당사국의 의무로서 각 국가에 촉구했습니다. 우리는 면접교섭이 단지 부모들만의 몫이 아니라 국가가 나서서 아동의 권리 보장을 위해 부모와 가족을 지원하여 그 여건을 마련해주어야 할 책무에 속한다는 것 역시 기억해야 할 것입니다.

국가와 민족이 달라도
모두 소중한 부모들

부모가 단지 국경을 넘어 따로 사는 것 정도가 아니라, 국내에 모두 살든 국외로 떨어져 살든 아예 국적이나 민족을 달리하는 경우는 좀 다른 문제를 낳지만 이 경우도 면접교섭은 마찬가지입니다. 아니, 소위 '다문화가정'의 경우는 엄마와 아빠의 각자 살아온 환경과 문화, 그에 따른 가치관 등이 많이 다르기 때문에 면접교섭을 더 열심히 할 필요가 있다고도 볼 수 있습니다. 그리고 아이는 양쪽 부모님에게서 서로 다른 문화의 각 특성을 모두 배울 수 있으니 더 이해심이나 다양성에 대한 포용력이 큰 훌륭한 아이로 자랄 수 있습니다.

부와 모 사이에 경제적 형편이나 사회적 지위가 기우는 결혼을 한 다문화가정의 경우에는 이혼할 때 불평등한 관계에서 하게 될 우려가 있는데 부모가 평등한 이혼을 하는 것이 자녀에게도 이롭습니다. 자녀에게 어느 한쪽의 문화만을 강요하고 다른 쪽 부모의 나라나 문화를 무시하거나 존중하지 않는 태도가 미치는 해악을 생각해보세요. 자기 정체성의 반쪽을 부정해야 하면 그 아이의 자존감이 얼마나 떨어질까요. 서로 다른 민족의 문화를 가진 부모가 서로 상대 문화를 존중하는 모습을 보고 자란 아이는 얼마나 멋지고 훌륭한 성인으로 자랄까요.

그러니 반드시 다문화가정의 경우에도 자녀를 중심으로 양육자를 정하고 비동거친 쪽 역시 충분한 양육 시간 분배가 되도록 면접교섭 시간표를 짜고 이를 잘 이행할 필요가 있습니다. 다시 말씀드리지만, 그러했을 때의 결과는 너무나 멋진 자녀의 모습이 될 것입니다.

감옥도 가두지 못하는 부모의 사랑

이보다 좀 더 어려운 상황은, 예컨대 한쪽 부모가 구치소나 교도소에 있는 경우와 같은 특수한 상황들입니다. 예전에는 부모가 교도소에 간 것을 자녀에게 숨기는 경우가 많았습니다. 사실 지금도 자녀에게 이를 숨기는 경우가 상당할 것입니다. 그런데 말이죠, 어른들은 아이들을 생각해준다는 미명하에 아이의 마음이나 의견을 고려하지 않고 실상은 그냥 자기 자신의 생각과 마음에 따라 결정하고 행동하는 경우가 많습니다.

자녀가 부모의 수감 사실을 알면 충격을 받을까 봐 말을 안 한다고들 하는데요. 자, 이렇게 한번 생각해봅시다. 자녀의 입장에서요. 예컨대 초등학교 몇 학년, 또는 중학교 몇 학년 등 구체적인 연령도 가정해서 생각해보세요.

어느 날 갑자기 엄마 혹은 아빠가 아무런 설명도 없이 이유도 모른 채 사라져버립니다. 한쪽 부모는 그에 대해 말을 하지 않는데 분위기상 묻기가 어렵습니다. 또는 물어도 대답을 안 하거나, 어떤 대답을 듣긴 했는데 지내면서 보니 좀 이상하다는 느낌이 듭니다. 이런 상황이 과연 아이에게 어떤 영향을 줄까요. 아이가 어느 날 엄마 또는 아빠로부터 다른 쪽 부모의 수감 사실에 대한 소식과 그에 대한 설명을 들으면 역시 놀라기도 하고 이어서 여러 상황에 따른 감정들, 화나거나 슬프거나 속상하거나 때로는 억울한 마음이 들 수도 있을 것입니다. 하지만 과연 어느 쪽이 더 나쁠까요. 아니, 후자는 아이에게 나쁜 걸까요? 아이는 아무 잘못이 없잖아요. 다만 부모의 거취에 대해 정확히 들을 뿐입니다.

실제로는 상당히 복잡한 여러 요소를 고려하고 또 방법을 살필 때도 섬세하게 여러 가지를 헤아려야 하지만, 원칙적으로는 부모가 수감되었다고 하더라도 자녀와의 관계와 연결이 지속되는 것이 자녀에게 필요하고 이롭다고 합니다. 그래서 요즘에는 교도소에도 가족이 방문하여 면접교섭을 할 수 있는 방이 설치되는 곳도 생기고 있습니다. 면접교섭이 좋다고 무조건 아이를 교도소에 데려가서 쇠창살 너머로 부모를 보게 하는 것이 좋을 리야 없는 것이니까요.

제가 실제로 다루었던 사건에서는 판결 또는 조정의 조항에 간접적인 방식, 즉 자녀와 수감된 부모 사이에 편지나 사진 교환을 양육친의 협조하에 진행하는 항목을 넣도록 했습니다. 이를 통해 수감된 부모가 이혼 후에도 자녀와의 관계가 단절되지 않고 그 부모 자녀의 유대가 돈독해지도록 한 것입니다. 한편 양육비 지급을 출소 시점에서 1달 이후로 정하여 현실적으로 이행 가능하면서도 책임을 방기하지 않도록 독려하는 방안을 취하곤 했고요.

'만약 자녀와 수감 부모 사이의 직접적인 면접교섭이 필요하고 가능한 사건을 만나면 어떻게 하게 될까' 그런 고민을 해본 적은 있습니다만, 아직은 잘 모르겠고 다만 법원의 가사조사관과 전문가 상담위원 등과 의논하여 가능성을 타진하거나 방법을 모색하게 될 가능성이 높다고 생각합니다.

최근에 알게 된 것은 수용자 자녀를 지원하는 단체나 기관이 생겨나고 법무부나 교정 당국에서도 이 문제에 관심을 두고 있다는 사실입니다. 그러하니 혹시 필요한 분이 계시면, 수용자 자녀를 지원하는 단체나 기관 또는 교정 당국에 문의나 지원을 받아보는 것도 좋지 않을까 합니다.

어떤 어려움 안에서도 아이들은
부모와 이어져 있어야 한다

그 밖에도 다양한 상황들이 있겠다는 것을 이제 여러분도 쉽게 짐작하실 겁니다. 부모는 부부끼리 헤어지는 상황에도 불구하고 자녀에 대해 공동의 양육책임을 져야 한다는 것과 자녀가 성장하는 데에는 부모 모두 필요하고 관계의 지속 및 유대, 사랑이 꼭 필요하다는 배움이 저만의 것이 아니었으면 좋겠습니다. 어떤 다른 특수한 상황에 놓인 여러분께도 수긍이 되기를 희망합니다.

그래서 '그럼에도 불구하고' 면접교섭은 꼭 하자는 결심과 의지를 첫 번째로 놓으면, 그다음은 구체적인 방안을 현실적이고 실현 가능하게 세워보는 것인데요. 혼자든, 갈등이 적은 부모 간이든, 고갈등 부모 간이든 각각 나름의 문제와 어려움은 있을 것입니다. 각각의 상황과 문제에서 고려해야 할 정말 다양한 요소와 특수성이 있을 것이고요. 그런 구체적인 문제들은 꼭 전문가, 예컨대 법원의 가사조사관이나 상담위원, 또는 소아정신과 전문의나 심리상담사 등 면접교섭 문제를 전문적으로 다루어본 경험이 있는 다양한 직역의 전문가들과 상의하고 도움을 받으시기를 권합니다. 전문가들이 어려운 개별적 문제에 대한 솔루션들에 대한 도움을 주실 것입니다.

여기에서 꼭 한 가지, 혹시 이 책을 읽으실지 모를 변호사님들께 부탁의 말씀이 있습니다. 결국 그와 같은 이혼 부모님들이 변호사님을 찾아오시면 프로페셔널로서, 즉 고도의 윤리적 의무와 사회적 책임을 지니고 독립적으로 직업 활동을 하는 전문가로서의 자부심과 긍지를 가지고 그 자녀의 복리를 고려해주십사 하는 것입니다. 아동권리협약 제3조 제1항은 아동이 관련된 사안에서 아동의 최선의 이익을 최우선적으로 고려해야 한다는 원칙을 입법기관, 사법기관, 행정기관, 그리고 민간 사회복지 기관 등 모든 사람을 대상으로 규정하고 있습니다. 이 조항의 효력하에 놓인 대표적인 사람들이 바로 부모이고 아동 자신 역시도 포함되지만 이를 명시하지 않았을 뿐이죠. 그러니 변호사 역시 이 조항의 규범력하에 있습니다.

즉, 수임료를 낸 부모님, 때로는 수임료를 대신 내주는 조부모님 외조부모님의 요구보다도 그 아이 본인의 진정한 이익, 자녀의 복리를 프로페셔널로서 생각해달라 요청하는 것입니다. 자랄 때 아이들의 어떤 잠깐의 시간들이 때로는 그 아이들의 평생에 걸친 인격 형성에 영향을 주기도 하고, 평생토록 잊히지 못할 고통을 마음에 각인시키기도 하며, 때로 부모들이 무심코 하는 어떤 행동들로 아이들은 영혼이 부서지는 상처를 입기도 한다는 것을 잠시만 기억해주시기를 부탁드립니다. 그래서 결국 장기적으로 보면, 당장 의뢰인이 요구하는 어떤 결과보다 그 자녀의 최선의 이익에 진정으로 부합하는 좋은 결론이 궁극적으로는 의뢰인 부모에게도 도움이 되고 필요한 것임을 확인하시는 일이 많아지기를 희망합니다.

아동의 목소리가 들리도록

'면접교섭'이라는 생경한 것을 통해 우리는 익숙하고 잘 안다고 생각했던 '부모와 자녀 간의 관계'에 대해 사실 모르는 것이 많았다는 것을 알게 되었고 새로이 많이 배웠습니다. 지금도 많이 배워가고 있습니다만, 아직도 우리가 모르는 것은 여전히 많습니다. 하지만 우리가 모르는 것은 아마도 자녀들의 목소리에 좀 더 귀를 기울이면 점차 더 알게 되지 않을까요. 그동안 부모들의 목소리는 너무 많이 들려왔지만, 자녀들의 목소리는 늘 그들이 외치고 있었는데도 우리에게 잘 들리지 않았던 것 같아요. 우리 자녀들에게 그 목소리가 들려질 권리가 실질적으로 보장되는 기회가 더 많아질수록 면접교섭에 대한 우리의 지식은 더 풍성해질 것입니다. 나아가 그 목소리를 더욱 민감하게 제대로 들을 수 있게 되어 부모 자녀 관계에 대한 더 깊이 있는 이해에 도달했으면 합니다.

우리가 부모와 자녀가 무엇인지, 어떠해야 하는지 점점 더 알게 될수록 인간에 대해서, 우리 자신에 대해서 더 알게 됩니다. 부모가 자녀에게 어떻게 해야 자녀가 오롯한 한 인간으로 잘 성장해갈 수 있는지 알게 될 때, 무엇이 우리를 더 인간답게 하는지, 더 자신답게 만드는지 알게 됩니다. 그 소중한 가치를 우리가 놓치지 않았으면 합니다.